獨處，
遇見更好的自己

好好安排你的專屬時間，重新設定人生的力量

金有真——著　曾晏詩——譯
有隻兔子——繪圖

當我們認識自己，就能抓住人生的重心

獨處時間是愛自己必備的基本要素。
它也像保護自己的安全裝置，
回頭看看自己，閱讀自己，找尋自己，
然後把自己照顧好。

當學生應該要把書念好
出社會要把工作做好

年紀到了要找個人結婚
結了婚要生小孩……

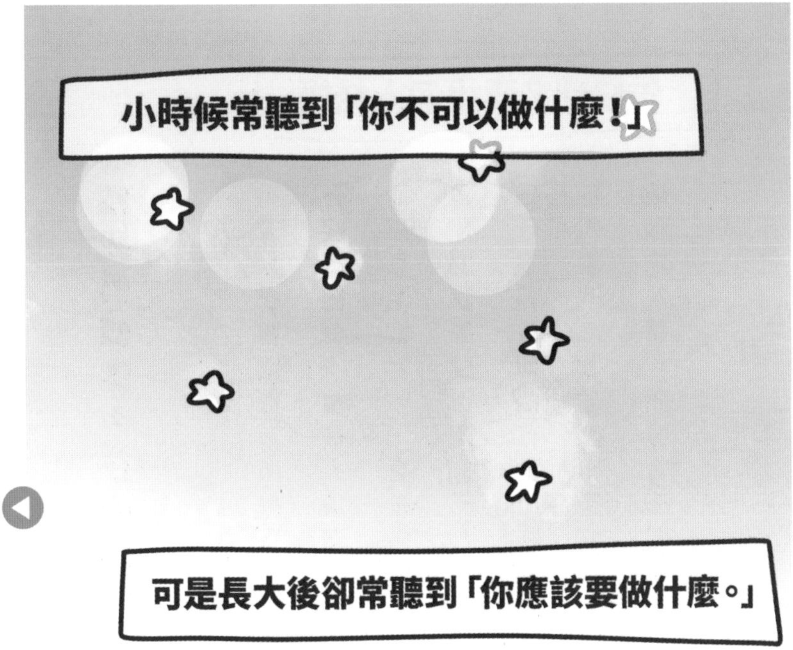
小時候常聽到「你不可以做什麼！」
可是長大後卻常聽到「你應該要做什麼。」

當我們傾聽內在的聲音，就會找到愛自己的方式

有人太討厭寂寞，所以不喜歡獨處。

但寂寞絕對不會被人填滿，只有自己才能解決「寂寞」，

而感到「寂寞」，更是告訴自己要專注於獨處的訊號。

爲什麼我總是否定自己？爲什麼對新的挑戰裹足不前？

爲什麼對失敗的自己心灰意冷？

我們都不喜歡憂鬱和受傷的自己，

但獨處，讓我們誠實面對自己。

你有對任何人說不出口的煩惱嗎？

你有曾經很努力卻無法達成目標的經驗嗎？

你確定現在的目標是你真心想完成的嗎？
現在貼在你身上的標籤是什麼？

為什麼你總是那麼在意別人的評價？

你對自己很誠實嗎？

自己的專屬時間，不是把自己邊緣化，
而是為人生創造另一個機會

因爲有自己的專屬時間，
我們可以選擇成爲自己想成爲的人，恢復自我認同感和自信心。
不管昨天爲止我是什麼樣的人，從今天開始我就是全新的自己。

你的心有多堅強，

就可能有多脆弱

現在將守護自己的時間送給自己吧
如果覺得自己受傷了，就給自己復原的時間

如果覺得自己做錯事，
就給自己原諒的時間

如果覺得自己疲倦了，
就給自己放下沉重壓力的時間。

〈推薦〉

你沒有不好，你已經很好很好了

音樂故事人／瓦力

「多數人的人生在平靜的絕望中度過」——亨利梭羅

“The mass of men lead lives of quiet desperation.” ——Henry David Thoreau

不瞞你說，我有一個長期仰慕的作家。他的生活方式相當奇特，每天清晨四點半就自動起床，連鬧鐘都不用。起床後泡咖啡，吃完點心後就開始投入寫作到九點，之後去跑步一個小時。你說這個龜毛的人是不是瘋了？這個人沒有瘋，這個人叫村上春樹。

長久以來，我一直想要實行村上大叔的生活。不過我大概只實行了半套，例如拚命收藏黑膠唱片、試著培養自己對於爵士和古典的愛好，當然也喝了不少威士忌，以為這樣，我也可以在有品味的生活之中，找到寫作的契機。

事情壞就壞在人生想要有難忘的高潮，不能只做半套。我始終視為畏途的另外那半套，是村上那有如清教徒般的戒律生活。試問有誰能每天早上四點半起床，早晨花一整個小時去跑步就只為了和自己的內心對話？如果這樣能夠造就一個不世出的天才，那我是否安心地成為魯蛇就好？

我這個國境之南的亞熱帶夜貓族，不懂北方村上大叔晨起型基因，直到我遇見來自緯度更高的韓國金有真，我才發現瘋狂並不是瘋狂，苦行僧的生活也不是為了戒斷享受，而是在獨處的時光之中，遇見更好的自己。

這位擁有美國兩州律師執照的金有真律師，究竟是何方神聖？和村上春樹一樣，金有真每天都在四點半起床。但村上很少露面，也不使用社交軟體；而金有真是個YouTuber，她的早晨使用法，累積觀看次數超過一千五百萬次，改變了韓國無數個早晨，掀起一陣早起熱潮。

事實上，金有真的第一本療癒之書《我的一天從4點30分開始》早已賣出全球版權。據我所知，台灣就有不少讀者受到她的激發，扭轉了人生的困局。這些讀者長期受慢性疲勞所苦，常常加班到沒有自己的時間，晚上只好報復性熬夜追劇滑臉書。假日縱使補眠到中午，也充不了什麼電。惡性循環之下，越來越疲勞，越來越憂鬱，人生成就感也越來越低。

如果說金有真在第一本提出「以早起作為消除慢性疲勞的有效療方」，那麼這本《獨處，遇見更好的自己》就是一冊全方面的心靈指南。早起不一定適合所有人。不早起也沒有關係，更重要的問題始終是，你得在忙碌得喘不過氣的日常裡，找到讓自己可以慢下腳步的方式。而獨處便是開啟自癒之泉的最好法門。

村上大叔每天跑步，別人覺得很痛苦的事，他卻甘之如飴，因為他在跑步之中，得以和自己相處。就好像是隔空對談似的，金有真也說，「在自己的專屬時間裡，傾聽自己的聲音和自控自律必須成為生活的基調。正如持之以恆地運動能讓身體變健康，照顧自己也會讓內心堅強起來。」

獨處並非獨自一個人做著重複無聊的事。獨處不是為了不相處，不是自私，更不是試探寂寞的邊界。獨處是為了讓自己拋開塵俗；獨處是為了離開梭羅所謂的「平靜中的絕望」；獨處是放過自己、饒過自己。獨處，就像幫工作過載的電腦重新開機一樣，讓一切歸零，你才能在失衡的生活裡，找到回家的路。

書中有一段讀來心有戚戚焉的段落：在學會獨處之前，金有真「總會認真打扮，一直減肥維持身材。在意自己的語氣和穿著，執著自己在他人眼中的樣子。為了不被討厭、不要看起來像個笨蛋」，結果就是討好了別人，卻委屈了自己。

我覺得這好像就在說我自己：總是在意別人的目光，總是覺得自己做得還不夠好，也總是透過世界的角度，來回望定義自己的存在；難怪我們總把生活過得那麼辛苦。那麼，何不學會遠離眾人的視角，安靜地和自己相處一段時光？哪怕只是沖壺咖啡，哪怕只是聽張唱片，都有可能讓從底心傳來的一陣呼喚，打破常規，打破結界，瞬間升級一個全新版本的自己。

在台灣有一類勵志書很暢銷，它總是非常一廂情願般地告訴你如何過起勵志的人生。這其實沒有不好，但常常我們更需要的不是旁人蜻蜓點水式的「加油」（我都已經那麼努力，難道你都沒看見，還要我繼續加油？）或「保證必勝」的人生改造寶典。我們何曾只憑讀了一本兩本勵志書，三杯黃湯下肚，明朝醒來就變成更好的人呢？

比起這類正向勵志書更少、也就更可貴的是像金有真這樣的寫作。說穿了，它從頭到尾只想告訴你一件最簡單也重要的事：你沒有不好。你已經很好了，甚至太好太好了；你所需要的，只是透過練習獨處時的自我對話，讓你的心慢慢印證這件事。

「讓你的心發現自己的美，讓你的靈魂歌頌你身上每一顆原子的存在」。我喜歡金有真字裡行間帶給我的每一份細膩感動，它讓我重新愛上了自己——而這正是我樂於推薦本書的原因。

關於瓦力

浪漫到無可救藥的囤物主義者，專愛邪門的事物，專寫邪門的故事。集滿壞品味與奇癖，分明是《早餐俱樂部》的魯蛇成員，偏生要透過一枚黑膠的嗶嗶啵啵，想像和全世界聯繫。拒絕忘記事物，開了一個「可以記得事物如何消失的軌跡」的寓所。如同電影《瓦力》總在時光的廢墟永恆淘選回憶的餘燼，我把它叫做——瓦力唱片行。著有《瓦力唱片行》《那一夜，莫札特的門有人在敲》（寶瓶出版）。Facebook：瓦力唱片行

找回屬於我的時間，
找回遺失的自己。

PART2

PART3

第二個好好利用自己的專屬時間的方法，進步 117

〈序言〉

我在獨處時，遇見最好的自己

我通常在大家熟睡的清晨起床，並且以這個經驗為基礎，寫了《我的一天從4點30分開始》。聽說隨著這本書大受歡迎，很多人挑戰凌晨早起。

「我這次靠凌晨早起考到證照了！」

「我決定要在上班前開始念英文！」

「雖然好像有點遲了，但我想趁現在挑戰人生第二幕，開始念書。」

「平常因為身體不好，我根本不想動，可是今天凌晨終於出門運動一趟了。」

讀者告訴我，他們靠著凌晨早起，親自實踐且完成平常只當作是夢想的事。他們也開始體驗到，和我一樣在靜謐的早晨所見到的奇蹟。

凌晨早起給了我很大的幫助，讓我能解決根本性問題。然而我之所以能克服所有困難，並非只是單純在凌晨早起，而是因為那段時間只有我一個人。我在所有人沉睡且寧靜的清晨，練習獨處，學會享受而非熬過那段時間的方法。

從國小開始，因為到國外留學和父母分開生活，大家可能會想，在國外和各式各樣的人交流和學英語，在自由的環境中成長是一種特權，但過程中我卻必須一直和孤單對抗。我只有一個人，沒有人教我成為大人的方法。

我跌跌撞撞地獨自走在綿延不斷的黑暗隧道中，並在碰撞中學習、感受和成長。我學到了戰勝孤單的方法，和培養出像不倒翁般倒了又起的意志力。

隨著時間推移，我漸漸享受獨處。我在自己的專屬時間裡描繪自己的未來，在描繪的過程中反覆經歷失敗和成功，進而學會如何創造出更好的自我。

這本書是融合這些經驗的成果，內容是我從忍受到享受獨處的過程中，希望也有人能對我說的話。

我們總是有該做的事。學生要念書，上班族要工作，家庭主婦要照顧家人。可是有些人覺得只是完成該做的事還不夠，還會抽空自我學習，想把某件事做得更好。因為他們認為做得比一般人好，才能獲得幸福。

這些人大部分認為拿高分、快點升遷、賺大錢才是成功的人生，也依循這個觀點過自己的人生。從我身邊的人的煩惱、目標和願景來看，這似乎是價值觀的主流趨勢。想過上更好的人生沒有不對，而這種想法源自想把事情做得更好的欲望，實際上這也會成為我們進步的動力和生活的活力。問題是在追求這些事物的過程中，我們往往忘了最重要的是自己。

你能確定現在的目標是自己真心想達成的目標嗎？或許有人會自信地回答「是」，但有人在面對這個問題時，卻遲疑了。如果不知道自己為什麼會有那個夢想，也不知道自己真正想做的事是什麼，只因為別人說那是個好目標，就一味盲從，這樣很快就會疲倦，即使完成目標，心裡也只剩下空虛感。因此無論你有什麼目標，為了成就自己成為更好的人，就必須先藉著與自己獨處的時間回頭審視自己。

我們唯有獨處，才能見到真正的自己。如果不受他人打擾，慢慢地觀察自己的內在，就會知道自己是多麼特別的存在。

當我們認識自己，就能抓住人生的重心。無緣無故感到寂寞、自我認同和自信心下滑等負面想法，都是因為外在的刺激，才會時不時出現在我們的生活中。當我們和自己獨處，便可以保護自己不被那些想法侵蝕。

在自己的專屬時間裡，傾聽自己的聲音和自控自律必須成為生活的基調。正如持之以恆地運動能讓身體變健康，照顧自己也會讓內心堅強起來。

本書我會帶大家了解透過自己的專屬時間讓自己成長的方法。這個過程可以分成四階段，第一階段我會告訴大家為什麼每個人都需要自己的專屬時間，第二階段則是為了戒掉不好的習慣，花時間刻意刪除過去的自己，第三階段則是真正了解如何塑造全新的自我，而最後我想向大家分享，我開始享受自己的專屬時間的故事。

我建議不要一次把這本書讀完，而是回答章節與章節之間的問題，給自己時間將這本書的教訓應用在自己的生活中。將剛剛讀到的內容反覆咀嚼，並回頭看看自己的想法如何。

在進入正題前，希望大家能記住一件事。擁有自己的專屬時間並非與世隔絕，什麼事都不做，而是將自己擺在第一位。

大家試想一下，當我們做完平時想做的事之後，一定會產生什麼心情。我想一定非常愉快。當我們習慣自己一個人，習慣在自己的專屬時間裡磨練自己，那麼我們的內心就會變得更堅強。做自己想做的事的集中力和克服任何困難的意志力也會應運而生，以及產生擺脫一定得做點什麼的壓力，總之先做了再說的欲望。

只要擁有自己的專屬時間，就能體驗到平常感受不到的變化。如果工作是為了獲得用錢就能買到的幸福，那麼自己的專屬時間帶來的是用錢也買不到的幸福。還有我想藉這本書證明，自己的專屬時間不是把自己變成邊緣化，而是為人生創造另一個機會。

任何人都無法為你提供自己的專屬時間，只有你才能賦予自己這段時間。如果你還沒有勇氣獨處，那麼別忘記，還有這本書會陪你。

PART 1

任何人都需要
自己的專屬時間

CHAPTER 1

在獨處的時間裡自律

開始享受孤單不代表認為孤單很悲傷，而是喜歡自己一個人，享受和自己而非和他人相處的時光。偶爾我們都需要這種改變。——拉斯金．邦德（Ruskin Bond）

獨自一人，才能找到平靜

大家對我的認識是我是凌晨起床的YouTuber、紐約州和喬治亞州的律師。每天我都在凌晨四點三十分開啟我的一天。

很多人問我凌晨起床的意義是什麼。有的人說凌晨起床改變了他們的人生，相反地，也有人說凌晨起床根本沒用，他們覺得是否凌晨早起的差異只在於早起的人會自以為了不起。然而我之所以凌晨起床，並非單純只為了處理沒做完的工作或念書，而是為了確保我能有獨自一人的時間。

我的第一本書《我的一天從4點30分開始》出乎意料地大受好評，也讓我體驗了各種不同的經驗。有許多人關注我，我也上了各種節目，得到受訪的機會。雖非刻意，卻也因此成了有名人士。有很多地方邀請我，可是我的本業是公司律師，加上我對名揚四海沒有太大的野心，因此覺得很有壓力，並未答應所有的邀約。

此外，我還遇到另一個問題。就是找我的人變多，讓我無法獨處。出書前，擁有自己的專屬時間並不難，即使偶爾朋友突然說要見面，或用通訊軟體聊天聊很久，也不至於打亂當天的計畫。但出書後，從好幾年沒聯絡的人，到我幾乎都忘了上次見面是什麼時候的人都開始聯絡我了。本來總是安安靜靜的手機，開始不斷跳出通知的聲音，除了IG私訊、YouTube留言、信箱、簡訊、KakaoTalk訊息的通知之外，甚至連電話也無時無刻不響起。

「有真，真的好久不見吔！我看到電視了！你這週有空嗎？幫我簽書！」

「律師，恭喜您。我想請您吃頓飯，不知道您什麼時候有空呢？」

「您好，律師。不知道您還記不記得我，之前曾和您見過一面，不知道下週是否能和您一起午餐呢？」

「有真，我同事說他是你的粉絲吔，一起吃晚餐吧！」

以前我都認為「一起吃頓飯吧」這種話只是客套，並不覺得有壓力。因為「有空見個面吧」「一起吃頓飯吧」這類訊息，即使收過無數次這些訊息，也從未真的履行。

但是這次不一樣，一定約得成。畢竟大家是真心恭喜我，想約我出來見面，我也很難冷漠拒絕這些邀約。

而且不斷有不認識的人聯絡我，他們說是透過認識的人打聽到我的聯絡方式，他們的訊息除了表達謝意，也說希望一定要和我見一面。這些訊息讓我陷入苦惱之中，我不知道該如何回覆。

因此，我無法再像以前一樣平靜地度過凌晨的時間。因為書名的關係，只要四點三十分一到，這些聯絡就不約而同地蜂擁而至。本來我正在用手機聽音樂，卻因為這些時不時插入的訊息通知聲而打斷了我的專注力。

「有真，你現在起來了吧？我看了你的書之後，也開始凌晨起床，感覺真的很好！即使不是每天如此，但是我起床的時候一定會傳訊息跟你報告！」

「姐，你現在應該已經起床了，我現在才要睡呢！」

剛開始我以為大家應該過一陣子就會退燒，可是一天、兩天、三天過去了，每到凌晨，訊息還是不斷湧來，讓我覺得很有壓力，但大家也是好意，讓我很難直接表露出排斥的情緒。我也曾經只是短答或不回覆，希望讓對方察覺到我想擁有自己的專屬時間，短時間請勿打擾，但無奈我心裡還是有種不太舒服的感覺。

不過很快我就找到解決的方法了。其實很簡單，就是狠下心把手機調成靜音，然後把手機放在我看不到的地方。

這樣一來，我既不需要向對方表達我排斥的情緒，我無須有馬上回覆的壓力。因為是我覺得對方的行為讓我不舒服，所以與其勉強自己回覆訊息，指責對方出於善意的行為，單方面要求對方顧慮到我的處境，還不如由我自己選擇這一刻我要獨處還更合理。當我想通這個簡單的道理，我的內心又恢復了平靜。

我習慣獨處的原因

國小一年級時，我把家裡的鑰匙做成項鍊，總是把它掛在脖子上。因為我太常把鑰匙弄丟，所以媽媽就想到了這個妙招。

下課回到家，我會用力踮腳把鑰匙插進門把上的鑰匙孔，打開空無一人的家門。接著就把背著的書包丟下，跑向朋友都在的遊樂場，因為我不想獨自一人待在空蕩蕩的家裡。

小時候我很討厭自己一個人待著，因為我會害怕，而且很喜歡跟朋友在一起。雖然哪有小孩不喜歡跟朋友一起玩，只是我尤其如此。我不只喜歡和朋友在一起，也喜歡和任何人在一起。從同年紀的朋友到警衛大叔、鄰居老爺爺，我總是很快和大家打成一片，也真心喜歡待在他們身邊。

從小我身邊都有人陪伴，因為從同校的同學到補習班的同學，大家都住在同一個大樓社區，家人也都在韓國，所以我很少獨自待著。可是當我移民到紐西蘭，生活開始有了一百八十度的轉變，我變成了一個人。

紐西蘭的一切都和原本的生活不同，沒有總是待在我身邊的朋友和鄰居，甚至連季節都和韓國相反，十二月的聖誕節居然是夏天！

身為東方人，又不會講英語，在溝通無門的情況下，我經常成為同學們的笑柄而被排擠。甚至幾年後，我還和爸媽分開生活。因為爸媽當時在韓國做生意，必須經常往返韓國和紐西蘭，不得已我只好去寄宿家庭（homestay），和出身背景及文化皆不相同的人們一起生活。當時我才十歲，就這樣開始了我的獨立生活。

•

獨自留在異國、難以和同學變成朋友，這些都讓我感到既害怕又難過，而讓我感到難受的其中一件事，就是不知道該如何獨處。

雖然我在寄宿家庭和很多人一起生活，但是大家都各自忙碌，沒有任何人關心我。寄宿家庭的爸媽雖然心地溫暖，但他們是天生重視個人主義的紐西蘭人，無法像我的親生父母一樣，對我事事照料和陪我玩。

因此我常常落單，可是我從來都不想自己待著，有時候還會有種自己被拋棄的感覺。為什麼學校會教我們如何和同學好好相處，卻不教我們獨處的方法呢？別的孩子都有人陪，為什麼只有我寂寞一人？當時我內心的空虛，實在難以言喻。

在韓國，只要聽爸媽的話、聽大人的話、按照學校教的去做就不會有問題，但是在這裡，早上不會有人叫我起床，我必須自己準備早餐，然後去上學。在韓國，即使我睡過頭或不想上學，拖拖拉拉，爸媽無論如何還是會把我叫醒，要我去上學，但是寄宿家庭的爸媽則是對我說：「你想休息當然要休息啊。」

或許大家會覺得這哪算什麼問題，但我真的不適應。沒有大人在身邊說教或開導，我必須對自己的行為後果負責。當我和爸媽一起生活的時候，會有熱騰騰的早餐，甚至還有準備好的午餐便當，但是在這裡卻相反。如果不準時準備自己的早餐吃，就必須餓著肚子上課；如果不自己早起準備上學，錯過公車，就得自己步行四十分鐘以上到學校。

即使我不用特別說，爸媽也會自動幫我準備好我需要的東西；即使我不刻意流露，他們也會察覺我的想法、情緒和心情。但是在這裡不一樣，不會有人幫我做這些事。在我自己說出來以前，不會有人知道我在想什麼，也不會有人想了解我。唯有說出口，才能得到自己想要的東西。喜歡就說喜歡，討厭就說討厭，想吃的、想要的、需要的，都必須自己先說。

就這樣一年、兩年、五年過去，隨著我自己一個人的時間拉長，漸漸地我也適應了孤單。同時也學會和自己好好相處的方法，還有靈活應用一個人被留下的時間。

從此，我開始傾聽我的內心，這讓我看清楚自己想做的事和應該做的事。我領悟到，我的權利和義務會隨著我如何下決定而被區分開來，而我所獲得的回饋，也會因為我如何過一天而有所不同。就這樣我自己找到誰也不願意告訴我的答案，並且成就現在的我。

什麼是自己的時間？

小時候常聽到「不可以做什麼」，可是長大後卻更常聽到「應該要做什麼」。放空地打開電視，卻總是聽到叫我們去做什麼的話。像是要我們工作賺錢，好好照顧身體，出去外面見見人，而且甚至還要充實自己才會不落人後，才能跟上瞬息萬變的世界。

還是學生的時候，只要念書就好，出了社會之後，義務卻變得更多。在邁入三十之後，大家便開始嚇我，叫我應該談戀愛，應該快點結婚，甚至要生小孩。光是現在手上的工作就夠吃力了，可是這種再怎麼做還是做不完的感覺到底是什麼呢？不知道是不是因為我是律師，這份工作的特性就是得承擔許多責任，讓我肩上的擔子變得更重。

每當我被生活壓得喘不過氣，感到焦慮時，就會告訴自己「今天我需要自己的專屬時間」，並規劃在當天的行事曆裡。這段時間我不會和任何人相處，只專注於自身。這段時間是我唯一能喘息的時間，讓我能感受到平靜的時間。而我就是在此時見到真正的自己。

•

那什麼是自己的專屬時間呢？即「專注於自己的時間」，也就是「獨自一人的時間」。當我們過著忙碌的日常生活，難免會遇到迷路和四處撞牆的時候，而自己的專屬時間能讓自己暫時擺脫那些混亂，專注於自己，把自己擺在優先的位置。對某些人來說，這或許是段檢視自己狀態的時間，又對某些人來說，是送給自己、讓自己能短暫休息的時間。不論你如何使用這段時間，比起讓自己一味向前衝，更應該向內探索自己。

重點是你必須刻意規劃出這段時間，而不是利用零碎的時間獨處，必須確保「這段時間就是自己的專屬時間」。為什麼呢？因為對於害怕被孤立的現代人來說，讓自己獨處並不容易。

想想當我們還是學生的時候，每個人應該都曾有過想安靜獨處，可是卻禁不起朋友說要一起玩樂的誘惑，對吧？連去上個廁所，也總是和朋友一起，甚至還要講義氣，等其他朋友上完廁所，對吧？搞不好還有這種狀況，就是明明昨天熬夜寫作業，累到彷彿下一秒就要睡著了，可是卻擔心除了自己，大家都玩得很開心，而因此堅持在聚會上待到最後一刻。

當我們長大成人也一樣。這時候我們不允許獨處的理由又和學生時代不一樣，因為在公司上班更重視和其他人一起協作，共同創造出成果，而不是獨自解決問題。更進一步，比起提升自己的能力，搞點政治，能力受到肯定的機率更高。即使難得想自己一個人悠悠哉哉地吃頓午餐，或是因為手上的事情忙，本來想跳過和同事們的下午茶，卻顧慮到自己不小心可能會成為「需特別關切的對象」，就會硬著頭皮參加。

即使新冠肺炎疫情讓聚會比以前少，可是為了維持社會生活和照顧家人，本來獨處的機會就不多，加上若是已婚或有小孩的情況，想要獨處更是難上加難。

另一方面，即使未婚也一樣。如果老是獨來獨往，到最後可能會成為沒有任何歸屬的落單之人。於是無論是同學會還是同好會，只要有舉辦就一定會參加。也就是說不僅無法自主獨處，就連想獨處，也會因此感到不安。

我也一樣。雖然我未婚，比已婚的朋友還能擁有更多自己的時間，但是我要上班，又和家人同住，如果不自己主動規劃，很難和自己獨處。最終，如果我不下定決心規劃出照顧自己的時間、把自己擺在第一位的時間、更加了解自己的時間，那麼我就等於沒有自己的專屬時間。

•

看到這裡應該會有人跳出來反駁：「我每天都自己一個人行動的說？」但是有一點我要講清楚，擁有自己的專屬時間並非單純指獨自待在某個空間的意思。

即使有充分的獨處時間，大部分的人還是不太清楚那段時間該做什麼。有的人可能躺在沙發上，整天漫無目的地滑著手機，或是抓著遙控器，盲目地轉台。又有的人覺得應該做點什麼，可是想到自己一個人能做的事也不多，於是便放棄了。這些都不算是自己的專屬時間。

偶然多出來的閒暇時光，拿來做之前無法做的事情，也不是自己的專屬時間，腦子暫時拿來思考私事也不算。下班後，在家回想一整天該做的工作是否完成，看看知名藝人有沒有緋聞，這些當然也不算。還有突然想到平常沒在關注的人，順便問候一下，或滑一滑社群軟體確認對方近況，這也同樣不算自己的專屬時間。

或許也有人認為可以把零碎的通勤時間當作自己的專屬時間，但嚴格說起來，這也不算，因為通勤時，大家坐在公車上可能都在放空，煩惱到了公司要做什麼，今天要跟誰討論什麼事。這樣的話，這段時間只是集中在當天該做的事情上，而非自己的身上。

大家試著想想，最近你有不受其他人打擾，只專注在自己身上的時候嗎？何時你曾主動規劃自己的專屬時間，而非偶然的空暇時間獨處呢？想想看，最近你是否聽著自己喜歡的音樂，喝著熱茶，看著窗外，享受片刻悠閒呢？大概一個月也不過幾天罷了。

創造自己的專屬時間取決於自己。如果不將守護自己的時間送給自己，那就不可能擁有這段時間。剛開始不容易，但是只要習慣獨處，就能遇見全新的自己。今天就暫時試著阻隔外部噪音，將時間送給自己吧。

CHAPTER 2

需要自己的專屬時間的第一個理由——復元

世界上最強的人，就是獨立的人。

——亨里克・約翰・易卜生（Henrik Johan Ibsen）

度過復元的時間

今天我沒有在凌晨四點三十分起床，而是以淺眠的狀態，靜靜躺在床上。換作平常，我會對自己嘮叨：「數到五就起來吧。今天也有很多事要做，不適合賴床」，可是今天我並沒有這麼做。雖然我明明就有起床的力氣，只是因為不久前我心裡受的傷還未癒合。

當內心出現莫名的問題時，我會需要時間先安慰自己，而非馬上做出改變和修正。

即使其他人和我再怎麼親密，也無法充分帶給我安慰，治癒我的傷口，讓我恢復元氣。反而自己可以無限次地安慰自己，安慰的分量也不會減少，甚至我還可以隨時說自己最想聽、也最需要的話，也就是說我可以獲得最好的安慰，而這份安慰是無法輕易從任何人身上得到的。

我們都不喜歡受傷或憂鬱的自己，當處於這種情況時，我們會自責，認為因為自己太軟弱，因為做錯了什麼才會如此。通常比起讓變得脆弱的自己復元，我們反而忙著指責自己。

但是人類有多堅強就有多脆弱。現在我的身心感受到的所有痛苦和情緒，反映的都是自己現在的狀態。如果無視這些只有自己才能察覺到的警告，不好好珍惜自己，那麼無論再怎麼努力，心也只會越來越累。為了日後能堅持下去，我們就必須承認自己也會脆弱的事實，然後觀察和關心自己。

擁有自己的專屬時間後，我馬上就發現讓我腦袋混亂的問題，其實沒那麼重要。這並非我做出什麼改變，只是因為我復元了。

我們每個人都需要復元的時間，但是允許自己擁有這段時間的人不多。如果大家也遇到上述狀況，此時自己的專屬時間便足以讓我們回到原本的狀態。

我們不需每一刻都堅強，也不用假裝沒關係。如果受傷了就治療，如果覺得自己做錯某件事，就給自己原諒的時間。如果覺得悲傷就哭，覺得疲倦就休息，覺得沉重就放下吧。不要壓抑現在的情緒，也不要勉強逼自己改變。當我獨處時，看見一直以來忽略且擱置在內心一隅的疙瘩，因此我必須好好照顧自己，以免那團疙瘩變成一塊石頭。

獨處時，我才看見自己漂亮的一面

雖然我平常的言行舉止都充滿自信，但偶爾也會無緣無故擔心懷疑自己，甚至自我認同感低落，滿腦子沒來由地想著「為什麼我能力這麼差？」我想，不管是誰，即使外表看起來再怎麼完美，也一定有過這種經驗。

如果自己覺得比不上他人，就會感到莫名羞愧。因為不想丟臉而避開多人聚會，甚至怕被人揭穿自己的不足，而對別人大小聲。為什麼我們會有這種感覺呢？因為我們正以別人的視線看自己。

如果一開始沒有遵循別人定下的基準，就不會發生需要擺脫他們基準的事，也不會感到自卑，但是說比做容易，要擺脫世人的評價很難。即使我不斷告訴自己「只要走好自己的路」，還是不知不覺走上別人已經鋪好的道路。

以前如果我做得沒有別人好，就會認為是自己能力不足。看到其他人在做，就會催促自己也要快點做那件事。總是覺得我應該比其他人學得更多、更進步、更快。如果事情不如意，我就會責怪自己：「明明可以做得更好，是怎麼回事？」明明做到這程度應該也夠了，可是究竟是什麼讓我如此不安呢？

以前的我總會認真打扮，一直減肥維持身材。在意自己的語氣和穿著，執著自己在他人眼裡的樣子。如果能達到這世界認定的優秀標準，我的自信就會提高，且安心片刻。我之所以會這麼想，是因為誤以為將自己的真面目藏起來，別人就看不出來我不夠好的那一面。

相反地，如果我無法維持自己打扮出來的面貌，自信心和自我認同感就會回到最慘的狀態。為了不被討厭、不要看起來像個笨蛋、不被小看，我又再次奮力一搏。

而這麼做卻讓我漸漸走向黑暗之中，因為我太執著於變成大家都肯定的漂亮又厲害的人。為了刻意羞辱自己，我對著鏡子將自己一一撕開來審視，對自己說出「為什麼我瘦不到四十五公斤？」「為什麼我視力這麼差要戴眼鏡？」「為什麼我連這也做不到？」等話，我一點也不滿意自己。

有一天我思考那些我認為是問題的事，並一件一件地思考造成問題的原因。像是整天為了讀書而變胖；過去幾年間讀了幾百本書，又一直盯著電腦螢幕看，因為視力變差，才不得已得戴眼鏡；為什麼別人做得好我卻做不好，那是因為我從來沒學過那些事，做不好也很正常。回想起來，我發現自己並未錯過符合他人標準的機會，而是做到了另一件事。我藉著自己的專屬時間審視自己，才知道原來現在我一直不喜歡的自己，也是我辛苦打造出來的結果。

•

我還領悟到另外一件令人驚訝的事實，就是自我認同感下降的原因並非能力不足，而是不願意了解自己是多麼不錯的人才會發生的現象。

我們總是花太多時間在「我還真差勁，怎麼連這個也做不好？」「我就這點能耐了」等負面思考上，卻很少給自己機會去想，我是多麼特別且不錯的人，還有現在我做得有多好。大概大部分的人認為「我怎麼連這也做不好」的次數比認為「哇，我這個做得真好」還多吧？因為對大家來說，說出「因為我能力還不夠，不好意思」比說出「我做得很好吧？」還容易獲得好感。

如果看看自己的周遭，你會發現身邊有很多既厲害又漂亮的人。他們之所以看起來很棒，是因為我們看見他們的優點。同樣地，如果我們努力找到自己的優點，是否也能看起來不一樣。當我了解這件事之後，每當我莫名地感到自我認同感降低，或失去信心，就會使用自己的專屬時間。當我遠離這世界所定義的漂亮的人、成功的人、不錯的人的條件，就能把自己的情緒看得更清楚。

我會以自己的標準，而非別人的標準，一點一點審視自己。雖然我不是大家都喜歡的長頭髮、清純的形象，但是我的五官大而立體，這是我獨有的魅力。即使不多做打扮，也覺得我已經很美。可是我卻沒意識到這點，仍然想把自己變成另一種人。

當然我還有很多需要加強的地方，要走的路還很遠，但是我身體健康，也很認真念書，和身邊的人關係也不錯，做的每件事都有好的成果，這樣看來我似乎也很棒。當我意識到這件事後，曾經每天認真化的妝，現在也不太化了，因為我知道現在的我已經很美。

像這樣專注在自己身上，才能恢復自我認同感和自信心。因為脫離一般人認為的幸福和成功標準，才能暫時以一個人的狀態清楚認識自己才有的優點，以及更加了解自己。藉由自己的專屬時間，我選擇成為自己想成為的人，確信我所認為的幸福是錯的。這樣的領悟也自然讓我進一步找到屬於自己的價值，也讓我了解到自己重視的是什麼。

如果現在你正因為「為什麼我只有這點能耐」而自我認同感低，感到內心疲倦，那麼自己的專屬時間將會成為你的特效藥。沒有人會傾聽你內在的想法，所以給自己時間去傾聽，去了解自己是多麼不錯的人。就像以優質的食物填飽肚子會讓人變健康一樣，以好話和正能量填滿自己，才能讓自己堅強起來。

「我」是最棒的煩惱諮商師

每個人都有自己難以啟齒的煩惱，而且總覺得這種煩惱既害羞又難為情，所以也不願意向他人傾訴，獨自傷腦筋。明明也不是什麼特別的事，卻平白無故地對未來感到茫然和不安。

像這樣心裡感到空虛和憂鬱時，總覺得和誰聊聊或許心裡會好一點，於是翻找手機的電話簿，傳簡訊給朋友。

「你在幹麼？我只是傳個簡訊而已！過得還好嗎？」

「嗯，我當然好啊，你還好吧？」

朋友的回覆似乎察覺到我的異狀，於是我口是心非地敷衍回傳：

「當然！沒事。」

這場對話便平淡地落幕了。

為什麼會發生這種狀況呢？我不願意說，對方當然也不知道我的內心在想什麼，自然也不知道該說什麼。而我即使想向某人諮詢我的煩惱，卻連究竟問題出在哪裡也還沒整理好，難以把話題接下去。重點是向某人坦率說出自己在擔心什麼，這件事本身就讓我感到不自在。

當我們有煩惱時，總是想向某個人傾吐。但是向身邊的人傾訴自己的問題，並不會造成什麼改變，因為別人無法幫我整理內心複雜的情緒。即使我和對方的感情再好，向他們吐露心中所有的不滿和困難，他們也只會變成我的情緒垃圾桶罷了。

那麼我又該向誰傾訴這些煩惱呢？答案就是自己。

「什麼都不做也沒關係。」

「現在你已經做得很好了。」

「我現在害怕的東西，根本算不了什麼。」

「沒關係，真的沒關係。」

每當我感到害怕、不安、煩悶時，就需要自己的專屬時間，然後對自己說出煩惱，在心中反覆咀嚼。這麼做，不僅可以讓我放鬆心情，還能以客觀的角度看待事情的全貌，進而找到合適的解決方法。而遇見這位只為我存在、最可靠，且無條件支持我的人，正是為什麼我們需要自己的專屬時間的第一個理由。

CHAPTER 3

需要自己的專屬時間的第二個理由——觀察

永遠記得自己，深入挖掘自己。你是你人生的觀察者，是你的行為、態度、表情、呼吸、感覺、情緒的證人。不要試圖往上跳到其他地方，而是觀察此刻站在這裡的自己。——強納・普萊斯（Jonathan Pryce）

暫時脫軌

在某個炎熱的夏日早晨，我前往圖書館。即使一大清早，也可以看到長長的隊伍，是凌晨就來排隊抽座位的人。大部分的人都一臉疲倦，清一色穿著鬆垮的運動服，背著裝滿考題和教科書的背包，另一隻手則拿著為了久坐而準備的椅墊。我偷瞄了一眼大家都在念什麼，有公務員考試、證照考試、學校上課內容等。

這不禁讓我想起曾經我也為了考美國法學院入學考試ＬＳＡＴ，站在同樣的位置。

開始準備考試後，兩年的時間轉瞬即過，當時身邊的朋友有一、兩位獲得好成績，擺脫了備考生活，而我卻沒能如此。通常短則六個月，長則不超過一年就能考到好成績，申請法學院，可是我卻不知道哪裡出了問題，念書的付出卻和結果不成正比。

當我看到成果不如意的那天，圖書館的洗手間成了我唯一的休息室。在這裡大哭也不會有人覺得奇怪，因為大部分的人至少都有過一次類似的經驗。

考試成績公布的那天也一樣，這個分數我根本考不上想去的學校。可是我沒自信重考，不管我再怎麼努力、再怎麼認真就是考不好，還能怎麼辦？我擠不出力氣念書，不，我根本沒信心再念下去，可是我又沒有放棄法學院的勇氣，我不想浪費至今為了念書所投資的時間，我是真的很想上法學院。

於是我抱著暫時休息的想法，背著包包離開圖書館。雖然沒有放棄讀書，也沒決定什麼時候要回來，但是我下定決心暫時脫軌。

•

有時候以為只要盡力就能達成目標，可是努力地向前衝，結果卻不如預期。都走到這裡了，難道要轉換跑道嗎？這些想法讓我不安和心煩意亂。越認真，反而越得到反效果。沒人在身邊幫我，接二連三的失敗，讓我對自己的失望與日俱增。

無論再怎麼努力還是無法達到目標或得不到好成果時，一般來說大部分的人都會因為不知道還能做什麼而選擇放棄。雖然或許我真的不夠努力，然而我不想承認，沒想到投資這麼多時間和精力，事情也不一定會如意。

於是我想，既然再怎麼努力、嘗試其他的方法還是行不通，那就試著停下來靜靜觀察如何呢？有時候觀察事情的走向，會是最好的方法。這不是放棄，而是面對不順利的事情，與其橫衝直撞，不如先退一步看待問題。

先從結論講起，最後我還是上了我想去的法學院，現在也已經成為律師。那天從圖書館走出來我想通了，其實除了過去幾年間我固守的方式之外，還有別條路可走，就是轉校。

之前念LSAT時，完全沒想到轉學這個方法，因為我堅持一次就要考上好學校。因為我完全不考慮先去其他學校念書，再以該校成績轉學到想去的學校。雖然這不是最好的方法，但是對站在懸崖邊上的我來說，卻是一個有用的選擇。

大家都知道，我是專門分享自我成長的YouTuber，自然會以為無論何時，或無論我身處什麼狀況都不會放棄，一定會腳踏實地努力。但是當我感到茫然時，也會放下手上的事。明明已經盡力卻得不到預期中的成果，或殷切期盼的事，到最後卻未能實現，這時我就會調整自己的呼吸，在自己的專屬時間裡，獨自觀察我所在的位置和現在的狀態。神奇的是，每當我這麼做，便能看見解決的方法，正如我走出圖書館的那天。

我的強迫症消失了。以前如果走在我前面的人從我的視野中消失，我就覺得必須快點跟上。當我開始從各個不同的角度切入問題點，並且冷靜地把問題看清楚，這時我反而能更有智慧地處理那些事。而且退一步看看自己的現況，也能將本來我想走的路是如何傾斜和彎曲看清楚。雖然偶爾會遇到不得不放棄的狀況，但是在暫停的這段時間裡，反而能找出更好的機會改變方向。

如果太迫切地想完成某件事，眼睛就容易被蒙蔽，而看不見其他的路，阻絕一切新的可能性。如此一來，反而越來越難達成目標。

剛開始你一定不願意停下腳步，搞不好還想著，「努力都來不及了，居然什麼都不做？」但是硬著頭皮做當下也無可奈何的事，只會讓情況更惡化。搞不好現在還不是最佳時機，轉個彎往其他地方也可能是對的選擇。無論答案是什麼，先試著喘口氣，留時間觀察自己。

即使不用費力爬樓梯，站上手扶梯也仍然能上樓。像這樣什麼都不做，有時候也是最好的解決之道。所以不用勉強，靜觀其變吧。

感受自己正在改變的方法

我叫做金有真，我的職業是公司律師。也有人叫我YouTuber金有真，或作家金有真。這些頭銜總是如影隨形地跟著我。念書時，我有學生這個稱號，如果結婚，就會出現某某某的妻子、某某某的媽媽這樣的稱呼。

我最近被賦予許多頭銜。

「您是律師，應該很了解這種事吧？」

「畢竟您是知名YouTuber，必須時時注意自己的言行。」

「好歹您也是暢銷作家……可是這裡寫錯字了呢。」

因為是法律人、因為是知名YouTuber、因為是暢銷作家，所以我不斷聽到「應該」怎麼樣怎麼樣的聲音。我一直努力做到符合別人給我的名號，可是為了不辜負別人的期望，卻漸漸讓我失去本來的面貌，最後讓我進入倦怠期。

我開始想：「這真的是我嗎？」本來我沒什麼賺錢或想紅的野心，可是不知道從什麼時候開始，我會被給我這些頭銜的人影響，做出各種非出於我本意的事。雖然在其他人眼裡，我看起來好像做什麼都很順利，但事實上並不是這樣，很多時候對我來說，就像穿了件不合身的衣服，總覺得哪裡怪怪的。當時我說的話、做的事，都並非發自內心。

•

我們總是隨時帶著其他人為我們貼上的標籤。當我們被歸類到像身分、職位、職業和公司這些名牌下，我們也會隨之產生信用和獲得不一樣的待遇。

生活中大家會為了獲得好的標籤而努力。標籤並非絕對是壞事，它也會塑造出我們的人格。但如果只是強迫自己符合標籤，就會對自己的變化感到遲鈍。

我們的價值觀會一直改變。仔細想想，二十年前的我和現在的我真的一樣嗎？在同樣的狀況下，現在的我還有可能會和過去的我做一樣的選擇嗎？如果我們不去探究拿掉頭銜之後，我究竟是什麼樣的人、想說什麼話，那就會以為別人為我們決定的樣子是自己真正的樣子。我們無法察覺到自己的變化，仍然忠實於以前別人為我們貼上的標籤，而模糊了自己真正想做的事，以及日後應該要走的路。

我也一樣，當我進入十歲以後、二十歲以後、三十歲以後，每個階段的義務都會隨我所處的情況而不同。假設我當上律師後，負責好幾個案件，我所想的角度一定也會和過去還是學生的我不同。我透過拍影片、寫作等各種興趣和新朋友交流，也接觸到不同的世界，改變了我的價值觀。也就是說我在不知不覺間，也一步步塑造出有別於過去的樣子。

雖然我自詡和過去的自己沒有什麼不同，但並非如此。與別人怎麼稱呼我無關，是我的經驗改變了我，可是我卻沒發現那些改變，只是遵從別人對我的定義：「因為你是這樣的人，所以你應該這麼做」，於是我無法追求自己真正的目標，不滿也在我心中日益累積。

最後我在和自己的談話中，決定不再追隨別人給我的標籤，而是直接尋找符合我變化的路。如果沒有這段過程，我大概一輩子也認不出真正的我是誰，也會因為沒主見，而被其他人說的話牽著鼻子到處亂走。當我和自己深談後，我的心境恢復了平靜，我也找到自己想做的事。

自己的專屬時間可以讓自己發現，原來自己只是按照他人的定義而存在，這就是需要有自己的專屬時間的第二個理由。持續地觀察自己，發現自己默默改變的樣子，那麼你就會知道自己的新需求是什麼。

獨處，就能看見問題在哪裡

如果在學校和朋友打架、沒寫作業或違反校規，通常國外的學校會對學生處以留校察看的處罰。也就是在午餐時間或放學後，讓做錯事的學生獨自留在學校，讓他們有時間反省，而這段時間他們可以寫反省文，或把累積的作業寫完，同時他們無法與任何人交談。除了老師前來監視時，他們都必須獨自一人。

我念的學校的留校察看室在校長室隔壁。那間房間用很大的字，而且還是大寫英文大大地寫著「DETENTION ROOM! NO TALKING!」（留校察看室！不許交談！）到了午餐時間，所有人都在窸窣討論今天是誰去了那間房間，又做了什麼事。

其實留校察看的主要目的不是處罰而是反省。當學生違反規定或犯錯時，比起一一點出他們犯了什麼錯，反而是要給他們時間親自回頭檢視自己的行為。

在家也一樣。當孩子對父母頂嘴或做出錯誤的舉動，他們通常接受的懲罰就是「You are grounded!」（你被禁足了！）我在念國、高中時，也常遇到朋友被禁足而取消約定。這也和留校察看的用意相同，只能待在家裡或自己的房間不能外出，把重點擺在獨自反省自己的行為。聽說最近禁止在家裡玩手機和遊戲是最難忍受的，可是在我小的時候，被禁止外出才是最難受的處罰。

雖然我留校察看或禁足的經驗不多，但或許是因為在這種文化下成長，每當我犯錯或惹麻煩時，就會給自己反省的時間。當我被某人教訓，感到心情低落，或和同學朋友發生口角時，就會給自己一段獨處的時間，回頭審視問題發生的原因和我的舉動。這樣一來，本來激動的情緒便會冷靜下來，想到「啊，今天的確是我的錯，活該被罵」或「是我想得不周到，難怪朋友會覺得心情很差」，然後真心反省。而我之所以能做到這一切，都是因為我用自己的專屬時間冷靜思考如何修正自己的錯誤。

獨自靜靜地坐下來思考，就能像在看別人一樣，以客觀的角度看待自己說過的話和做出的行為。回想自己做錯什麼，該如何修正，也會領悟到為什麼之後不該做出相同的舉動，產生「以後不要再犯錯」的念頭，並給自己進步的機會。

•

你最近是否一直發生讓自己心煩意亂的事呢？或是出了某個問題，可是因為無法解決而感到內心沉重？抑或你有過覺得忍下來是對的，可是過了一段時間再重新回想的時候，卻讓你感到更生氣的經驗嗎？如果你有以上的情形，那就試著藉自己的專屬時間，對自己說出心裡的情緒吧。

如果將腦海裡錯綜複雜的情緒說出來，就能找到煩惱的根源和解決的方法，而在這段過程中自然也能整理情緒。即使不會即刻出現變化，但至少可以知道讓自己不舒服的確切原因是什麼，然後慢慢思考該如何克服難題。

初期當你處在自己的專屬時間時，會同時聚焦問題的解決方法和現在所感受到的情緒。但是當你熟悉自己的專屬時間後，便會培養出將兩件事分開來想的能力，也就是把「他怎麼可以這樣對我？」替換成「這種情況該如何解決呢？」。

不過，如果為了整理腦中的事情而想太多，反而造成反效果。例如把很久以前發生的小事挑出來重新解釋，或過分擔心未來而制定計畫，消耗自己的能量。這種時候不要把力氣耗在現在不存在的問題，必須快點找出現在讓自己如此不舒服的事情究竟是什麼。找出真正的原因後，解決它，然後果斷地往下一個主題前進。

千萬不要不以為意地忽略不舒服的煩惱、想法、情緒，因為除了自己，沒有人能真心照顧你。給自己時間改變視角、轉換心情、觀察自己，這樣除了能看透問題的本質，也能獲得解決問題的智慧。

CHAPTER 4

需要自己的專屬時間的第三個理由——保持距離

人類只有在獨處時才能變成真正的自己。無法享受孤單的人也無法熱愛自由，因為唯有子然一身，才能獲得真正的自由。——亞瑟・叔本華（Arthur Schopenhauer）

如果你想擺脫他人的評價

無論我還是學生的時候，或像現在已經當上律師，只要年末一到，我就會收到內容大同小異的電子郵件。在學時，收到的信件內容是請我評價授課教授的上課能力，成為上班族後，則是請我評價同事或上司的業務能力，要我評價剛剛還和我一起談笑風生的人。

信件提到我的評價將會匿名處理，無論我寫下什麼內容，也不會對我造成任何損失。看到這裡，我突然想：「那麼可以隨便寫嘍？」甚至還產生「他上次說的話讓我感覺很不舒服，要不要留個負評給他呢？」這種淘氣的想法。在經過一番苦惱後，我還是不知道要寫什麼，於是最後決定忽略這封信件。然而幾天後，我又收到我尚未交出評價的信件，這種事每年都會再發生一次。

無論你願不願意，說的話是否屬實，大家都會為彼此評價。無論我們做什麼事，那件事做得好或不好，到哪裡都會不斷收到他人的評論。當然評價的基準自在人心。即使不喜歡別人恣意批評自己也無可奈何，因為我們無法阻止別人怎麼想。因此，答案就只有一種，就是改變自己面對那些評價的姿態。

大家有過擺脫他人評價的經驗嗎？就是無論別人怎麼說，還是做自己想做的事，無論他們怎麼評價也毫不在意。我想應該很少人有這種經驗。

我們經常糾結於其他人的批判和眼光，誤會這世界的想法就是我的想法。喜歡其他人覺得好的東西，避開他們討厭的東西，如果他們否定我，自己就會下一個是我不好的結論。然後為了得到好評，努力讓自己盡可能做出和他們類似的行為。

但是別人的評價發揮不了多少力量。很多時候親自和一直以來認為很了不起的人見面後，會發現他們和我們一樣都是普通人。坐在面前看起來冷漠的面試官在外面也不過是位大叔、大嬸，在公司裡讓人感覺嚴肅的直屬上司，對某人來說也只是自己認識的大哥、大姐。大部分的人無論長了多少歲數還是不太了解自己，即使職等變高，也仍然擁有差不多的煩惱。但這並非意味著他們身上沒有值得學習的地方，只是無論他們怎麼看我、怎麼說我，他們的話都不一定有著絕對的說服力，不需要為他們給的差評而過分畏縮。

那些評價我們的話並非全然正確，也不會為我們帶來戲劇化的刺激。例如當有人這樣評價我：「有真又懶又不踏實」，那麼我就會「啊……我真的又懶又不踏實吔，以後我要努力變得更勤奮更踏實！」這樣想嗎？應該會想：「我才沒有哩。」

我再舉一個例子。假設我已經盡力念書，可惜考試還是沒能拿到理想的分數。這時候如果有人說：「其實你念得不夠認真，應該要再更努力」，那之前我念得這麼用力不都沒意義了嗎？當然不是。就像明明什麼都沒做，都在玩，可是別人卻說你很認真一樣，反之拚死拚活地努力，卻還是會被嫌做得不夠，這種情況也很常發生。

每個人都有自己的標準，並依照那個標準來判斷自己眼中所看到的那一面。雖然也不能怎麼樣，卻也無須因此一一迎合那些人的標準。

自己的專屬時間送給我最有意義的禮物，就是不再渴望他人對我的評價和肯定。我認識到自己是什麼樣的人，發現自己想追求的價值是什麼，並且為我探索出來的價值開始新的挑戰，同時我靠自己的力量，將自己想變成的樣子一點一滴描繪出來。這樣一來即使我無意間得知別人如何想我，也不會感到受傷或難過。因為我有自信，知道我有無與倫比的魅力。

有些人會一直把「別人會怎麼看我？」這句話掛在嘴邊。吃飯時，會害怕被別人說三道四；走路時，會擔心有人在看自己的步伐。就連工作時，也只熱衷於做起來有那麼回事，無論做什麼都只糾結在形式和作業流程。

當然有時候其他人的評價很重要。像是擔心我行我素會給別人帶來困擾，或是想改掉讓身邊的人感到不悅的語氣、態度或姿態，這些都是正確且理所當然的事。但是站在讓自己變得更好的觀點上，我們的終極目標是完美地擺脫他人的評價和眼光。如果不這麼做，其他人的眼光就會阻擋自己應該追求的人生目標。

讓我們停止在意別人是否在看我、是否在關注我、對我的想法如何等事，如此一來，我們能做的事就會變得很多。我們會鼓起勇氣執行本來因為膽小而不敢執行、覺得不可能做到的事，並且可以把消耗在擔心別人目光的力氣，完完全全用在自己身上。

我們還有很多應該做的事，若仔細想，也會發現很多自己想做的事，還有更應該學習的事，以及發現自己有無限進步的可能。即使有人給我不好的評價，那些評價帶給我往後人生的影響微乎其微。我希望大家都能親自體驗，比起和其他人一起被囚禁在鳥籠中，成為自由的個體，將會賦予人生多大的喜悅和幸福。

和我不和的人，先再見

當我在美國考過喬治亞州、紐約州律師考試後，便回到韓國邁入社會的第一步，同時我也發現必須快點克服文化差異的焦慮感。因為在公司和同事們合作為優先，所以我得努力不被別人討厭。

想當然別人不會知道我的努力。即使很多人和我差不多時機進公司，年紀又相仿，他們還是比我更擅長公司生活。那段時間對怕生的我來說，當然不容易適應。

更重要的是平常我習慣想到什麼就直截了當地表達出來，但是這種個性在稍微保守的韓國職場上很難受到好評。我沒想到在會議上直接坦白表示我的立場，或舉手提出反論，又或是把突如其來的想法在沒經過整理的情況下，就馬上提出來分享會是個問題。即使我表達時再怎麼有禮貌，但冷酷的現實卻是被責怪把情況搞得太複雜，或被說成是一個自私的人，只考慮到自己的立場。

「就算有人問有沒有意見，還是什麼都別說的好。沒辦法，職場就是這樣。」和我很好的公司前輩不知道是不是覺得我孤軍奮戰的樣子很可憐，才如此建議我。也是，無論我的意圖如何，別人也沒理由要喜歡這樣的我。

聽說有時候即使意見相佐，也要假裝同意地說謊贊成才行。或是有時候即使有新的點子冒出來，也要裝不知道，什麼都不要做。雖然這對某些人來說是理所當然的職場生活守則，但是對我來說很累。我不止一次心裡想著「等等，這樣對嗎……」然後把這些不適悶在心裡。

於是我過著忙碌的日常生活，反覆地壓抑冒出來的想法。無法將想說的話說出來，讓我感到鬱悶而喜怒無常。最後我的壓力達到頂端，提不起勁做任何事，只是像機器人一樣腦袋空空，按照別人的指示做事。我將自己的情緒隱藏起來，導致我產生無力感，漸漸喪失對工作的熱情。

如果有人能問我的意見，尊重我的價值觀有多好？但是這個想法太貪心了。我需要空間讓我至少能坦白說出一點想法和情緒，所以我每天在行事曆上寫著：

「凌晨五點，上班前完完全全只屬於我的時間，讓我能對自己坦白的時間！」

•

在對自己坦白的時間裡，我將聽我說話的人設定成自己，將這段時間無法對外釋放的想法和情緒說出來。

仔細想想，我們真的對自己不夠坦白。當我們付出長時間的努力取得好成果，也知道這一切都歸功於自己的努力，卻總是告訴別人，只是運氣好而已。雖然會羨慕眼紅某個成功順利的人，卻因為被人說小鼻子小眼睛，裝得一副對他的成就不以為意。雖然有好點子或意見，卻藏在心底不願公開，因為就算說了，也會被當成奇怪的人。

但是在自己的專屬時間裡，我們不須如此，可以趁這個機會將自己所有的想法全盤托出。這就是自己的專屬時間的另一個魅力。

大家可能會想，對自己坦白對人生有什麼幫助。其實這個過程就跟打掃屋內覆蓋著厚厚的灰塵又毫無用處的物品一樣，把自己心裡黏著陳年汙垢的想法和情緒全部拿出來，將腦內重新整理一番。

如果把屋子都清空，就會發現被遺忘已久的美麗古董，又可以擺設新的家具，將屋內填滿。同樣地，不顧慮他人的眼光，和自己坦白對話，或許也能認識過去不曾看到的自己，並且讓自己進步到更好的狀態。

我真心享受自己的專屬時間，和那些與我不和的人、和我意見不同的人保持距離。我開始重啟以前喜歡做的事，盡情去做現在想做的事。那些任何人都不感興趣的點子和想法，我就用自己的方式發展下去，這麼做也讓我重新喜歡上公司的工作。此外，我想學的東西變多了，想在各種領域貢獻一技之長的野心也向上竄燒。對自己坦白，反而創造出更多采多姿的我。擺脫嘈雜的世界，享受不受限的自由和開誠布公，就是為什麼需要自己的專屬時間的最後一個理由。

CHAPTER 5

確保擁有自己的專屬時間的方法

獨處最大的美德就是，你的心能走在獨特的道路上。

——安迪・魯尼（Andy Rooney）

成為獨自一人的意思

為什麼會陷入低潮呢？雖然可能來自於肉體上的疲倦，但是精神上的疲憊更有可能。

當我們的情況不如意，又或者想把某件事做得更好卻不順利時，壓力就會襲來，讓人陷入低潮，不知不覺過度消磨精神上的能量。心理上的疲倦並非好好睡一覺就能緩解，反而會導向失眠的狀況。

這時候自己的專屬時間就能幫上大忙。即使不強迫自己親自解決問題的原因，光是讓自己一個人，暫時切斷來自外部的刺激，就能消解疲勞。也就是讓自己擺脫沒有意義的情感消磨和擔憂，暫時放慢速度，解除緊張，恢復能量。

可是講到需要有自己的專屬時間，很多人會說他們不知道該怎麼騰出這段時間。我們經常會有被動獨處的時候，卻不常刻意為自己空下一段時間。

當然實際上在職場生活中很難完美獨處，這也是我之所以選擇凌晨早起享受自己的專屬時間。因為這段時間大家都還在睡夢中，所以我可以杜絕別人的打擾，容易專注傾聽我內在的聲音。可是並非所有人都能在清晨早起，那麼該如何確保自己的專屬時間呢？

接下來我會介紹創造自己的專屬時間的四階段方法。雖然前面已經提過，但我還是再說一次，所謂擁有自己的專屬時間，並非單純指物理上一個人待在某個空間的意思，也不是回想今天做了什麼事，和身邊的人說了什麼話。此時要做的是，以自己為中心，仔細探索現在自己的情緒和想法。

第一步：克服寂寞

為什麼我們難以擁有自己的專屬時間呢？首先，因為我們不熟悉獨處。因此保證能有自己的專屬時間的第一階段，就是克服寂寞。

大家聽到「一個人」這個詞的時候，會有什麼感覺呢？大概最先想到的就是寂寞和淒涼的感覺。雖然一個人吃飯、一個人看電影這種概念已經很普遍，但是如果聽到對方說「我要一個人去旅行」或「假日我要一個人過」，最先湧上的想法會是「為什麼？發生什麼事了？」我也有同樣的經驗，當我和別人說我要一個人去哪裡，認識的人經常會跟我說「我陪你去！」，親切地分享他們的陪伴。可是我真的沒關係。

有很多人認為無論做什麼，大家一起做比一個人做正常，朋友多才是好人，因為如果他是個不錯的人，那麼其他人絕對不會讓他落單。於是很多人為了放假不一個人待著，一定會事先和朋友約好，若缺席一次聚會，就會害怕和其他人疏遠。當自己沒有特殊理由，可是卻一個人待著也會覺得心神不寧。而且害怕別人會因為自己沒朋友，是邊緣人而瞧不起自己，因此在參加不自在的場合時，總是會和某個人一起同行。

但越是對獨處感到不安，反而越需要自己的專屬時間。或許大家可能很難理解，明明是為了不想自己一個人才和別人見面，為什麼越是如此卻越要獨處呢？其實寂寞與獨處無關，有時候即使身邊朋友再多，從他們身上得到滿滿的愛，還是會感到寂寞。

以前我也一樣，因為太討厭寂寞，都會避免獨處。因為從小我有太多和家人分隔兩地生活的經驗，所以必須在被獨自留下的心情中掙扎。雖然長大後我就能自由地和朋友見面、出去玩，在韓國和家人一起生活就不會覺得寂寞，但這都是我的錯覺。雖然我也會認真參加同好會或聚會，但是和大家一起度過吵吵鬧鬧的時光後，每當獨自走在回家的路上，我反而覺得更淒涼。如果和對方見面的目的並非想了解對方，而是為了填滿心中的空虛，那麼便無法和對方好好維持一段關係。即使身邊的人對我再好，我還是渴望擁有更多的關心和關愛。只要發生讓我感到痛苦的事，我就會被「我這麼痛苦，你不是應該主動聯絡我嗎？」「我這麼寂寞，為什麼你現在不在我身邊呢？」這些想法吞噬。為了填滿因此產生的空虛感，我又被困在反覆依賴他人然後受傷的迴圈裡。

・

這個過程中，我學到了幾件事。

第一，寂寞絕對不會被人填滿，只有自己能解決寂寞。雖然和別人見面消除寂寞感可能一、兩次還有用，但是效力也僅止於暫時。當我開始期待他們能一直待在自己身邊，以及當我覺得他們已無法滿足我的標準，我便會陷入更深的寂寞之中。

第二，寂寞是告訴我專注於自己的訊號。因為我喜歡人，所以總是和許多人在一起，也因為人緣好，身邊有很多對我很好的人，但我還是會經常感到莫名的寂寞。等到我習慣自己的專屬時間後，才領悟到那種感覺源自我覺得失去了自我，而那是一種名為不安的感覺。本來我應該和其他人保持距離，更靠近自己的內心，可是我卻因為害怕獨處，而疏遠了自己。是我拋棄了自己，讓自己變得孤單。

相反地，當我和自己變得親密，寂寞便消失了。我知道只要能安靜專注於我的內心，我就能成為堅強的人，即使獨自一人也無妨。於是在沒有其他人的幫助下，我學會了獨立的方法。

第三，寂寞是所有人都會感受到的自然情緒。雖然我們可以壓抑感受到的情緒，或適當地調整強度，但是沒有任何方法可以完全避免特定的情緒找上門。寂寞是生而為人，人生在世，一定會不斷遇見的情緒。它不會因為暫時被撫平，日後就永遠感受不到。由於不可能只要一寂寞就去找別人，所以我們都必須找到自己的方法，以免被這種情緒侵蝕。也就是說我們必須習慣靠自己，而非依賴別人。

第二步：計畫自己的專屬時間

如果你下定決心克服寂寞，那就一定要確保一天當中的某個時段是自己的專屬時間，然後在每天的行事曆上安排「自己的專屬時間」。但這不是剛好有空的獨處，而是自己主動騰出來的獨處時間。就像你和認識的人有約一樣，和他約好見面的時間，安排在你的行程裡。

自己的專屬時間可以安排在睡前，也可以安排在上班前，只要那是一整天當中你最專心的時間，最不會被打擾，最能全心全意投注在自己身上，那麼訂在什麼時候都無妨。只要時間到了，就把所有精力放到自己身上即可。雖然我喜歡在一大早度過自己的專屬時間，但是如果你不適合凌晨早起，也不需要勉強自己提早起床。

可是你完全沒時間嗎？自己的專屬時間不需要太長，一開始只需要割愛給自己三十分鐘左右就夠了，如果連三十分鐘都不願意空下來，就是藉口了。因為這並非要你停下所有馬上該做的事，也不是斷絕一切社會生活，只是暫時送給自己一段時間，所以你無須為此感到壓力。

還有，在自己的專屬時間裡，並非一定要待在家裡。因為凌晨也沒什麼地方好去，所以待在家裡是最好的方法，但如果你不是如此安排，去一間氣氛不錯的咖啡廳或安靜的讀書室也可以。如果你預計在午餐時間或開始工作前享有自己的專屬時間，那麼去空著的會議室也不錯。只要是能將自己和現在所處的情況完美分離，無論在哪裡都好。這裡我可以再提供一個技巧，就是準備一杯暖暖的茶或甜甜的飲料，還有自己喜歡的音樂，這樣就更能享受這份喜悅了。

在自己的專屬時間裡，試著把會讓自己分心的所有事物都調整為靜音。這段時間我只能專注在自己身上，如果從朋友到家人、戀人等，有讓你覺得不舒心的關係，那請在這一刻全都忘掉。獨處不一定是自己的專屬時間，如果你不專注在自己身上，那麼一切都沒有意義。

如果覺得安靜的空氣有些不自在，讓你突然冒出「今天要約誰見面呢？」的想法，就試著回想「今天是特地為自己準備的時間，就把時間留給自己吧」。不要覺得這段時間又無聊又沒事做，而且沒意義，每個人都應該給自己獨處的機會。而耐不住這段時間瀰漫的寧靜，就等於和朋友見面，卻因為一時沒了話題便分開一樣。

獨處時間是愛自己必備的最基本要素，它也像保護自己的安全裝置一樣。這瞬間先想到自己吧。回頭看看自己，閱讀自己，找尋自己，然後把自己照顧好。雖然剛開始很難，但是不知不覺這段時間將會成為你一天當中最期待的時間。

第三步：整理四周

不習慣自己的專屬時間的人，可能會覺得把自己跟日常生活完全分離很難。例如好奇起久未聯絡的朋友是否一切安好，對明明不重要，卻總覺得應該馬上做完成的事感到焦慮，發現平常根本沒注意到的東西，想說「這本書怎麼會放在這裡？」「這個資料要找的時候都找不到，居然在這裡呢？」然後想到自己要做什麼事。

如果你因為這些理由讓自己無法度過自己的專屬時間，那麼你很有可能並不熟悉把注意力放在自己身上。如果你想擁有自己的專屬時間，可是注意力卻不斷渙散，那麼我建議你可以把讓自己在意或分心的事物一件件地整理，例如打掃房間或清空平常帶在身上的皮夾和包包。

整理周圍的環境就像整理自己的心情一樣。試著整理存在筆電裡卻沒用的照片和檔案，果斷地丟掉不會再用到的物品，擦拭積滿灰塵的東西，重新擺在顯眼的地方，以及試著按照季節整理衣物，還有久違地洗個棉被。

整理電子信箱中一堆毫無分類的電子郵件，和存在手機裡的電話。那些不再聯絡的人，連對方是誰都不知道的人，把他們的聯絡方式都清掉吧。那麼你的心也會像這些被清出來的空間一樣多出抒發的空間，接著就只要更有效率地使用這些空間就行了。

第四步：拋開自責

很少擁有自己的專屬時間的人，可能大部分都會覺得獨處很寂寞，所以會到處找朋友，相反地也有很多人會擔心別人來找自己，而無法一個人待著。這些人會因為「如果少了我，大家會覺得怪怪的吧……」「朋友這麼辛苦，我是不是應該待在他身邊」「如果我不在，孩子應該會找我吧……」這些想法，而放棄自己的專屬時間。但是因為擔心他人而無法擁有自己的專屬時間是一種藉口，這等於承認自己一點也不重要。

我剛開始安排自己的專屬時間時，也會被不明所以的自責和壓力弄得心煩意亂，但是擔心會有人來找自己都只是我的錯覺。即使我減少和朋友的約會，理直氣壯地享受自己的專屬時間，他們一點也不在意。雖然有些朋友會表現出一點難過，但是等到之後見面，之前沒更新到的事情也累積了很多，能講的事情更多也更開心。而且我也沒有錯過什麼重要的事情，因為朋友也一樣度過了我不在的快樂時光，而我也用自己的方式度過了幸福的時刻。

要能習慣自己的專屬時間需要練習。剛開始你可能會自責，因為把總是一起相處的朋友或家人擺在一邊，但這並非你對他們做錯什麼事，反而很可能是因為你覺得擁有自己的專屬時間很彆扭，才會產生自責的情緒。因為當你有機會享受自己的專屬時間，卻不知道該做什麼，所以才會更好奇別人可能有什麼感覺，而非注意自己的情緒。

還有自己的專屬時間絕不是有問題的時間。尤其當你和別人的關係出問題，千萬不要單方面斷絕聯絡或封鎖他人，否則逃避問題就變成你獨處的重點。然而如果不是這種情況，請務必記得，和別人好好相處是一回事，你更應該把和自己好好相處擺在優先。沒有自我的人際關係不會長久，也沒有意義。

透過自己的專屬時間所獲得的從容，會帶給人際關係正面的影響。即使和他人發生摩擦，也會因為心胸寬大，不會讓自己執著於想改變對方，而發起不必要的情緒之爭，反而懂得退一步直視問題，尋找解決的辦法。我們不要一味追逐別人的光芒，反而應該學習如何發散屬於自己的光芒。神奇的是，當我們散發自己的光芒，其他人也會跟著一起閃爍。

這本書讀到這裡，你該回答的24個問題

1 何謂自己的專屬時間？試著用自己的方式來定義吧。

2 最後你希望自己的專屬時間在什麼時候？你主動計畫過一段專屬於自己的時間嗎？

3 是什麼理由讓你無法將自己擺在優先？

4 偶然獲得自己的專屬時間，你會做什麼？

5 當你感到辛苦疲憊時，你會做什麼？

6 現在你的心理狀態如何？需要被療癒嗎？

7 最近你有感到不安過嗎？那麼暫時閉上眼睛，冷靜一下，好好安慰自己。

8 你的自我認同感低嗎？你覺得原因是什麼？

9 你覺得自己是多好的人呢？

10 把他人的基準擺一邊，你自己所想的幸福是什麼？

11 你有對任何人都說不出口的煩惱嗎？那麼試著對自己說說看吧。不需要找到解決的方法。

12 有什麼事是你想用盡全力達成的嗎？

13 你曾有過真的很努力卻無法達成目標的經驗嗎？你又是如何克服那種情況？

14 現在貼在你身上的標籤是什麼？如果拿掉那些標籤，你會是什麼樣的人？

15 過去的幾個月裡，你如何改變？

16 現在有讓你掛心而感到心裡沉重的事嗎？你想怎麼做，讓這些煩心的事從心裡消失？

17 平常做錯事時，你會如何反省？

18 你有過將自己從他人的評價中釋放的經驗嗎？

19 為什麼你會在意別人的視線？

20 你是如何評價他人？那些評價有什麼效力？

21 有人會讓你平常害怕遇見他，或讓你擔心他會怎麼想你嗎？他是一個什麼樣的人？

22 他對你的評價或看你的眼光會影響你現在的生活嗎？

23 你是什麼樣的人？不要執著於他人的基準，試著定義自己吧。

24 你對自己有多坦誠？

PART 2

第一個
好好利用自己的
專屬時間的方法，
重新設定

CHAPTER 6

人生也能重新設定

只有我才能改變我的人生，任何人都無法代替我做這件事。

——卡蘿爾・伯內特（Carol Burnett）

再次歸零

當你結束一天該做的事，也做好睡覺的準備，躺在溫暖的床上，閉上眼準備入眠，可是你卻突然想起今天說過的話和做過的事。明明剛剛都還沒有任何想法，現在仔細回想起來，卻好像感覺自己做錯事了。然後想到「為什麼我要說那種話？」「為什麼我要做出那種舉動呢？」而輾轉難眠。你感覺今天不是你的天，做什麼事都不順。

你是否曾經因為不明白為什麼自己要那樣做，而想刪除當時所做的行為呢？那麼你一定也曾下定決心，之後絕對不會再犯同樣的錯、以後一定會改，然後又心灰意冷地想：「就算這樣又能改變什麼呢？」其實每個人都曾經想抹去自己某些不討喜的時刻，甚至偶爾希望乾脆一切重來。

那該怎麼做呢？有一個方法就是重新設定（reset）。講到重新設定，應該大部分的人會想到當電腦當機時按下電源的情景，而我在本書講到的重新設定也是類似的概念，我們的人生是可以重新設定的。

可能很多人會有疑問，既然時間無法倒轉，也不可能消除記憶，那麼自己重新設定又是什麼意思呢？這是一種比時間倒轉和消除記憶還簡單的改變人生的方法，就是改變自己。

我所定義的重新設定的核心概念，就是將自己重新設定為新的樣子。讓我們試著將自己歸零，然後重新開始即可。即不管到昨天為止我是什麼樣的人，從今天開始我就是全新的自己。

•

有時候到了新環境、認識新的人，我們會本能地隱藏自己真正的樣子。一般這個世界都會酸言酸語地說這是一種悶騷或做作的行為。因此很多人即使下定決心拋開過去，蛻變成全新的自己，也會冒出「我憑什麼……」的想法而回到自己原本的樣子。

但是重新設定並非裝飾自己，而是真的成為一個全新的人。那麼即使所處的環境不變，自己也會做出認識新的人、接觸新環境時的舉動。

為了讓重新設定順利，最重要的就是不要設限。將「接下來我要做什麼呢？」的想法轉變為「現在才要開始呢！」不要讓自己預設的人生問題扯後腿，拋開一切，果斷地擺脫昨天的自己。

即使過沒多久就露出原本的樣子，也無須感到挫折，只要再重新設定一次即可。與其讓自己持續陷在重新設定失敗而不滿，反而每當有需要時，就讓自己回到原廠設定，才是更聰明的做法。

我們都可以一直成為新的人，無論次數。只要下定決心改變，付諸實現，因為我們不是為了獲得他人的肯定才重新開始。

重新設定的兩項必備條件

目前為止我們已經了解為什麼必須擁有自己的專屬時間，以及保障這段時間的方法，那麼接下來我要開始介紹，如何具體應用自己的專屬時間。我將分成兩階段介紹，第一階段是重新設定，第二階段是進步。

首先PART2我會介紹重新設定。而實踐重新設定有兩個最有效率的必備條件，就是反學習（unlearn）和節制。

反學習是指雖然原本的我是由經驗、偏見、刻板印象、知識等所組成，但是必須清除其中對我的進步毫無益處的部分。而節制就是戒掉至今我所養成的壞習慣、不良行為、不好的習性等，打破自己築起的自我高牆。因此，這兩個必備條件可以看作是走向進步的準備過程。

CHAPTER 7

重新設定的第一個必備條件，反學習

二十一世紀的文盲不是不會讀也不會寫的人，而是不懂把學到的東西忘掉再重新學習的人。——艾文．托佛勒（Alvin Toffler）

將花花綠綠的圖畫紙變回白紙

畫在乾淨圖畫紙上的圖，看起來會比畫在已經被塗鴉過的圖畫紙還要更清晰。因此，為了像這樣畫出比現在更清楚、俐落的生活樣貌，就必須把已經畫好的自己的樣子擦掉，也就是勇敢刪除所有本來的想法、已知的知識、遵循至今的信念和價值觀等，我稱這個過程為反學習。

反學習是為了見到重新設定的自己的第一個必備條件。我們想想小時候的自己就像一張白紙，隨著成長，上面也一定畫滿了各種圖案。可是即使已經沒有多餘的空白處，我們還是會不斷在上面塗鴉不是嗎？這樣我們可能會看不清楚以前畫的東西，新的圖和舊的圖混在一起，連形狀都變得模糊不清。

簡單來說，反學習就是把很久以前畫在圖畫紙上亂七八糟的塗鴉擦掉。如果你不滿意現在的生活，就把圖畫紙上畫的所有規則都擦乾淨。可以的話乾脆換一張新的紙也好。

此時，雖然抹去既定印象中的「我的樣子」很重要，但是別人單方面定義的「我的樣子」也必須擦乾淨。同樣地，我所想的其他人的樣子，也必須從我的腦袋裡完全撤出。即必須讓「我是這種人，所以該這樣行動」揮發，刪除某個人曾對我說過的這段話：「依我看，我覺得你是這種人」，還有連「那個人本來就是這種人，所以應該也會那樣對我吧？」這種刻板印象也要一併刪除。無論是關於我的事、關於他人的事，還有明明事情都還沒發生，卻一副好像已經知道答案似的愛推測的習慣，都必須全部銷毀。

雖然清空對別人的刻板印象很重要，但有時候也需要透過反學習忘記自己的經驗和知識。也就是意識到過去你以為是標準答案的經驗和知識，現在可能已不再正確。

為什麼需要反學習

我第一次了解到反學習的重要性是在國中的時候。那時我往返好幾個國家和寄宿家庭，每一刻都讓我感到混亂。每當我認識背景、文化和我不同的新朋友，就必須拋開我原有的習慣和習性、偏見、看對方的眼光等。本來我以為只要持續體驗新事物，累積學習到的東西，就會自然而然地進步和成長，但是我的狀況正好相反。反而拋開我既有的想法，才能讓我更快適應和學習新事物，就像入境隨俗一樣，相當於適應新文化的必經過程。

本來不懂事的行為都有老么或小孩這層保護膜，所以我一直覺得可以肆無忌憚地想做什麼就做什麼。然而當我上國中，這些事已不再被允許。我開始想「一直以來我都是這樣，為什麼一定要改？」「在我以前生活的地方都不是問題，為什麼在這裡就是問題？」但是仔細想想，一直以來我的生活方式都是如此，以後也要這樣活下去的想法不過是藉口。如果我一直按照本來的方式過活，那未來就會跟過去一樣，沒有任何改變。

雖然大家可能會難以置信，當時我還只是國中生，竟然有這種想法，那時的我不斷告訴自己「我已經不再是小孩了」，我能感受到此刻的我和過去只會撒嬌的我，已經變得不一樣了。當我認清自己已不再是那個遇到事情不如意就先掉淚的小孩，我就已經放掉只有小孩才會做的舉動。

反學習講到這裡，讓我想到一段有趣的回憶。我在紐西蘭的時候，喜歡光著腳丫子在外面跑。紐西蘭本來就很乾淨，即使在戶外光著腳丫子走路，也不會有太大的衛生問題，也不是什麼沒禮貌的行為舉止。所以當我放假回韓國的時候，也會習慣性地光著腳跑來跑去。去家裡附近的超市時、去倒垃圾時、去警衛室拿包裹時也會下意識地光腳出門。

除此之外，在紐西蘭可以穿著鞋子走進家門，所以即使在韓國，我也經常不自覺地穿著鞋子直接走進家門。當我理直氣壯地穿著鞋走到客廳，然後和看著我感覺荒謬的媽媽對上眼，我才心裡一顫，趕緊回到玄關把鞋子脫掉，而且這種事還發生不止一、兩次。當時媽媽無言的表情，至今還歷歷在目。

沒有親身經歷過的人可能會很驚訝，想說改掉這種小習慣哪裡難了。「又不是在國外出生，也不是第一次來韓國，為什麼會有這種問題？」但是對習慣光著腳丫子在外面走跳的我來說，突然暫時外出也要穿鞋，又或者平常我都會穿著外出鞋在家裡走來走去，現在回到家卻要脫鞋才能進門，要一一記得這些真的出乎意料地難。為了忘掉這些習慣，我真的花了很長的時間。

當上律師後，我也一樣需要反學習。當我還是學生的時候，念書念到一半會覺得困難而放棄，會因為不知道答案而躊躇不前，但這些完全不成問題。因為學生這個身分，可以給我一層保護，任何時候都可以輕易得到教授、學長姐的幫助。但是畢業後，披上上班族這層外衣，事情就變得不一樣了。我必須對交付予我的工作負責，我必須把習慣遇到困難、不知道答案的時候就放棄的態度丟掉。

•

從我的人生經歷來看，對我幫助最大的反學習就是拋開對人的偏見和刻板印象。當我被某個人傷害時、當有我討厭的人在場時、當我遇到搞不懂他在做什麼的人時，我會拋開對那些人的看法。多虧如此，我很少因為人際關係而獨自難過或悶悶不樂。

這並非要你必須原諒對方的意思，也不是以寬容的心去理解對方，更不是要對所有人抱持信賴，而去接近他們。人際關係的反學習指的是，放下預測對方的行動和態度的想法，以及對他們的刻板印象。

人際關係的反學習就類似讓模糊的視線變清晰。如果能拋開自己對他人的偏見，那麼看世界的視野就會變廣，也會知道如何和更多不一樣的人溝通。

這種反學習是為了自己，而不是為了與他人好好相處。當這個過程結束，你就能擺脫「大家是不是討厭我？」的被害意識和自我壓抑的想法，因為你已經把深植於腦中對人的負面想法全部清除。

花時間在人際關係、習慣等各種領域反學習，你就能成為嶄新的自己。即使之後你在他人的眼裡仍然不夠好，那也可能是因為他們還忘不了過去的你。不過撇開這些，以符合自己的速度和最適合自己的方法，反覆地對過去的自己反學習，然後學習新的事物，只要這樣特別地打造自己，變化就會真的來敲門。

人生需要反學習的情況比想像中還多。如果你發現自己總是在學習新事物，卻毫無變化，那麼這時候比起再多學點什麼，不如先試著透過反學習，丟棄一些存在自己腦中和心裡的內容。負面的習慣也一樣，像懶惰、貪心又愛嫉妒、對任何事都抱持負面想法又敏感、滿腔煩躁和怒火、沒有安全感，這樣的自己都可以當作不存在。讓我們一個個清掉吧，這樣你也會感覺輕鬆許多。

反學習的三種方法

反學習該怎麼做呢？前面已簡單說明。反學習是一個清除的過程，清除自己的經驗、偏見、刻板印象、知識等自認為已經理所當然的事物。這裡說的清除，並非單純從記憶中刪除的意思，而是為了創造新的自己，無論有多確信、想法有多堅定，都要鼓起勇氣拋棄那些原有的想法和認知。將長久以來抱持的價值觀、知識可能不正確的想法放在心上，以及意識到身邊存在和自己見解不同的人，這兩件事就是反學習的開始。

每個人反學習的方法都不同，如果在網路上搜尋，除了心理專家，有名的學者推薦的方法五花八門，而我將在這本書裡和大家分享，真的讓我有所獲得的三種反學習的方法。

第一種方法是經常告訴自己「可能不是」「也可能是」。當事情的發展不如預期，或當事情的結果和自己所篤定的結果相反，那麼即使你氣自己錯了，或因為無法理解當下的情況而感到鬱悶，為了反學習，就得反覆提醒自己。這不是馬上把自己知道的事從腦海中刪除，而是提醒自己，或許我的想法可能不正確。這樣一來就能自然而然地熟悉反學習，並擺脫成見。

第二種方法就是放下自以為是的自信和自卑，認識反學習的必要性。人非聖賢孰能無過，我們都該放下自尊心，承認自己的認知錯誤。雖然用說的聽起來很簡單，但是實踐起來卻比想像中困難許多。難就難在不是自己意識到需要反學習，而是透過別人知道，如此就可能讓自己處於難堪的情況。這時候不要自責「我知道的居然是錯的」，而是以「原來是我看錯了，再重學就好了」的心態接受需要反學習的事實即可。

第三種方法就是清除已知的資訊並更新，不過想這麼做就得先接受很久以前學到的知識已經過期的事實。活在快速變遷的世界，不知不覺間腦袋也不斷在累積新的知識和經驗。此時就必須時不時刪除本來就知道的答案，更新成新的版本才不會搞混。簡單來說，這就跟買新的手機或筆電是同樣的道理。如果本來使用的是蘋果手機，可是中途換成安卓手機該怎麼辦呢？就是忘掉本來的手機的使用方法。與其氣憤地計較舊手機的按鍵在右邊，為什麼新手機的按鍵在左邊，不如磨掉深深烙印在腦海裡的按鍵位置，重新刻下新的按鍵位置，反而是更有效率的解決方法。

念書也需要的反學習法則

反學習的法則也適用於念書。幾年前我為了進法學院而努力念書，努力的程度彷彿這輩子不可能再有這種拚勁。當時念書是我最後的希望，但不知為何每次考試我的分數都高不起來，只是不斷落榜。

這種現象不只發生在我身上。仔細看美國律師考試的錄取率，考過好幾次的人遠比第一次考的人錄取率還低。在一起念法學院的同學之間，甚至還有主考官會故意讓考兩次以上的學生落榜的傳聞。

然而為什麼會發生這種事呢？我將這種現象歸咎於無法放棄原本的讀書方法和學到的知識。當考試成績不理想，就代表自己念書的方法一定哪裡出了問題。但是大部分的考生都會覺得，如果將本來已經輸入腦中的資訊格式化，那麼要重念的內容就太多了，而且也沒那麼多時間，因此害怕而不願意反學習。

這件事我等到進了法學院才領悟。法學院要考很多試，每週小考是一定的，還有期中考、期末考，甚至律師資格考試（Bar exam），而這所有的考試結果都很重要。因為一年級的成績將會決定之後你在哪裡實習，以及畢業後會在哪裡就業。

通常法學院的學生若是無法讓自己的成績維持在前段，就會嚴重感到不安。所以大部分的人都會花很多力氣取得優秀學長姐的上課outline（統整判例和法條的筆記），一年級向二年級、二年級向三年級索取筆記，等到自己上了三年級，再將那份筆記傳給學弟妹。因為只要背好筆記，基本上都能將成績維持在前段，因此甚至還有人高價收購成績優秀的學長姐筆記。

我也是好不容易從某位學姐手上得到筆記，並且拚死拚活地將內容背下來。因為一年級要背的案件和法條都一樣，所以我很有自信地認為沒問題，但是完全事與願違。我把一年級的第一個考試考砸了。

而問題出在哪裡呢？就出在我只記得筆記上原本的內容，而完全忽略教授的解釋和新法條。換句話說，我太依賴筆記，才會發生這種事。只要上課接收到的資訊和筆記有一絲不同，我就會馬上封鎖那些資訊。此外，問題也出在我傲慢地認為，既然靠同一份筆記其他人都能拿到好成績，我當然也可以。

最後把第一次考試考砸的我換了策略。我決定將腦中背錯的法條和理解錯誤的理論全數刪除，收起我知道的就是答案的固執，將資訊再次更新。因此我學到讀書的新觀念，也把成績拉上來，轉學到名校的法學院。

一開始我沒通過喬治亞州律師資格考的時候，我也用了同樣的方法。我了解到本來知道的知識中一定有錯誤的地方，便透過反學習的方法重新學習。當然如果我明確知道錯在哪裡，只要針對該部分重讀就好，可是律師資格考的運作不同，我無法得知哪個問題是對還是錯，所以一定得從頭念起。

如果不把本來就知道的資訊清除，就持續輸入新資訊會感到混亂，因為本來已知的錯誤資訊會和腦中正確的資訊混在一起。假設本來我知道的是，為了讓A為答案，需要B、C、D，可是實際上需要的是C、E、F。可是如果我不將B、C、D刪掉再存入C、E、F，就可能會搞錯，以為需要的是B、C、F或C、D、F。

假設就算自己記得正確答案，還是需要反學習。如果得不到自己想要的結果，就代表我的念書習慣錯了。因此必須擺脫本來的念書方式，徹底重新適應新的方式。這個問題絕對無法靠盲目地念更多書、寫更多題目就能解決。透過反學習，我在第二次挑戰中，不但考取喬治亞州的律師資格，甚至連紐約州的律師資格也拿到了（如果想在美國當律師，各州都有各別的律師資格考試）。

如果想將反學習的法則套用在念書可能不簡單。我很清楚在重要的考試前夕，多記一個內容都來不及了，還把腦袋裡的知識全都刪除，這麼做有多不安。不僅會覺得至今投注的時間是如此空虛，也會擔心若這次念的東西又是錯的該怎麼辦。但是反學習正是學習的捷徑，絕對不是浪費時間。畢竟與其用打結的線繼續縫東西，還不如先把線上的結都打開再繼續縫。如果你一直無法達到自己預期的結果，那就試著給自己反學習的時間吧。

CHAPTER 8

重新設定的第二個必備條件，節制

懂得克制自己的人，會如同找到快樂般輕鬆戰勝悲傷。

——奧斯卡・王爾德（Oscar Wilde）

藉由節制看到的小小成就感

一般人認為擺脫自己現在的樣子，也就是重新設定現在的樣子，必須訂下特別的目標和計畫，才能繼續前進。若是以車子比喻，就是認為比起踩煞車，唯有踩下油門，才能遇見全新的自己。

這麼想並非完全錯誤，但是偶爾比起往前衝，暫時停下腳步，先糾正自己的壞習慣反而能帶來更大的進步。而像這樣在成長過程中去除不需要的行為，就叫做節制，也就是重新設定的第二個必要條件。

小時候不需要特別努力，就能在父母或老師的保護下，輕易地節制壞習慣。因為每當自己做出違反早睡早起、不看有害的電視節目、飯前不吃零食等規律生活的舉動，就會聽到他們的嘮叨。

但是當自己長大成人，一切都改變了。隨著父母的干涉減少，行為獲得自由，卻開始容易培養出壞習慣。大部分的人長大成人後，都會在不知不覺的情況下，養成吸菸、喝酒或吃垃圾食物等至少一種壞習慣。然而只要能節制這種行為，就會產生巨大的變化。

這裡我建立了「部分節制」和「完全節制」兩種概念應用在我的日常生活。部分節制是克制某種特定行為。雖然那些特定行為不會對生活造成困擾，但是藉由部分節制，可以提升對自己的滿意度。完全節制則是以最後手段杜絕某種特定行為，直到達成目標。

節制是達成目標的捷徑，可以培養耐心，幫自己把焦點鎖定在現在必須專注的目標。雖然不容易，但是除了重新開始之外，停下來也能帶來變化。在挑戰新目標和夢想之前，試著回想自己的生活習慣，然後節制與自己價值觀有所衝突的行為。久而久之就能發現已經重新設定的自己。

第一步：節制和目標有所衝突的行為

A下定決心明天早上要早起運動，然後看點英語學習相關的書再上班。為此，他做好睡覺的準備，躺在床上。入睡前，他想說稍微休息，便拿起了手機，開始瀏覽今天誰更新了什麼消息，從Kakao Talk[1]好友狀態到Instagram貼文，將所有資訊一一看過。花了十分鐘、二十分鐘、三十分鐘……在社交平台上看了又看，就這樣時間超過了晚上十一點。本來為了明天的計畫打算早點上床睡覺，結果最後還是晚睡了。雖然馬上就把手機放下，但是因為剛剛看到的搞笑照片，卻讓他睡意全失。

B制定了一個月每天早起，上班前喝一杯熱咖啡，讀最近買的三本書的計畫。可是

1 中文譯翻成「卡考說說」，是韓國人日常生活中必備的通訊軟體。

奇怪的是，這個月的聚餐很多，生日派對也多，和煩惱纏身的朋友的酒局也多。雖然為了達成目標，每天都辛苦地在凌晨起床，卻反而因為睡眠不足導致健康惡化。

我們來看看A和B，是什麼行為和他們的目標有所衝突呢？就是前一天晚上沒有早睡。當然這個行為本身並沒有錯，但是以早起為目標卻不早睡，這樣明顯違背了自己的目標。

因此，這兩人現在最需要做的事不是早起，而是戒掉看手機看到太晚，以及喝酒喝太晚。這兩點可以部分節制，也可以完全節制，可以依目標的本質和重要性選擇不同的處理方式。

如果決定部分節制，那麼A只需要規定自己晚上滑手機的時間在二十分鐘以內，B則是得將喝酒的次數減少到一週只能有一天可以喝酒喝到很晚。若是決定完全節制，那麼A和B在直到自己習慣早起做完預定行程之前，把手機上每個社交軟體刪除，以及拒絕所有晚上的邀約即可。不過以A和B的目標來說，其實只要部分節制就一定能達成。

我再舉一個例子。C下定決心這個月一定要考過一個重要的考試，這次是他第三次挑戰。為了能專心念書，他前往讀書室，現在只需要坐下來念書即可。

可是抵達讀書室還不到二十分鐘，便接到朋友的聯絡，邀他一起去咖啡廳念書。一開始他打算忽視，但是卻被「如果一起念書，遇到不會的問題還可以互相發問和幫忙」說服。於是最後C明知道和朋友聚在一起，一定聊天的時間比念書的時間多還是拒絕不了，動身前往咖啡廳。

和朋友見面這件事本身不是問題，生活又怎麼可能只有念書這件事呢？只是C把和朋友見面擺在更優先的位置，而這麼做明顯和自己的目標有所衝突。即使他很清楚和朋友在一起無法好好念書，還是決定前往咖啡廳，甚至他都已經抵達讀書室，卻仍然無法忽略朋友的訊息。因此，如果C想通過考試，讀書固然重要，但是切斷和朋友的聯絡才是他的優先課題。這樣看來，完全節制可能是他需要的方法。

如果你現在的情況也和A、B、C類似，那麼在做任何事之前，先節制妨礙目標的行為，更能有效達成目標。如果你不知道要節制什麼，那就先找到與現在自己想達到的目標有所衝突的行為是什麼。如果你想凌晨起床，那麼你需要做的不是決定幾點起床做什麼事，而是先決定為了能在那個時間起床，你必須幾點睡覺。如果你想變健康，那麼你需要的不是做更多運動和補充保健食品，而是先戒掉對自己身體有害的東西。如果你想存錢，那麼你需要的不是投資，而是先減少支出。然後在這些過程中決定該部分節制，還是完全節制即可。

當我在制定新目標時，也會先從找出自己的弱點，遠離最動搖我的要素開始。通常我最大的弱點就是朋友。

我喜歡和朋友見面。因此每當我建立重要的目標，總是會切斷和朋友間的交流。在我準備法學院考試、律師資格考試時，我也中斷了和朋友之間的簡訊往來，甚至所有社交軟體的互動。因為我很了解即使自己在念書，也會因對中途朋友的聯絡或社交軟體的通知聲而馬上回應和確認。因此對我來說，可以和朋友交流的一切裝置都是達成目標的路障。為了實現夢想，當時的我完全節制自己和身邊所有人的聯絡。

剛開始我以部分節制處理，但是偶爾和朋友見面，反而讓我更辛苦。每當我和朋友見面，都會因為自己正漸漸落後他們而感到焦慮，還有因為無法總是和他們在一起而感到遺憾，這些都讓我的集中力更渙散。

所以重要考試前，我決定以完全節制處理。如果我收到「有真，最近怎麼都沒聯絡？」我就會回：「最近在考試，考完再好好玩吧！」一直到考試結束前，我都會完全拒絕和朋友見面。

我也曾減過肥。當時都坐著工作和念書，讓我胖了十公斤以上，把健康都破壞了。而和減肥這個目標相衝突的東西就是消夜。我工作經常晚歸，回到家又要念書，於是晚餐總是隨便吃，可是每次只要過了九點就會餓。即使為了健康，每天再怎麼運動，還是吃完消夜馬上睡，這樣當然會妨礙減肥這個目標。

所以我決定先這麼做，無論再怎麼餓，太晚就不能吃消夜。當然提高運動量和增肌也很重要，然而對當時必須同時工作和念書的我來說，戒消夜是最有效率的方法。於是這個情況我選擇以部分節制處理。星期一到星期五控制飲食，週末則盡情吃自己想吃的東西。

而挑戰開發自我潛能或新嗜好時，只靠部分節制也能感受到變化。不過考試是有期間限定的目標，透過完全節制，打造在準備過程中能盡量專注的環境，效果會更好。

• 為什麼我們每次都無法成功達成目標呢？為什麼總是對新的挑戰裹足不前呢？還有為什麼總是對失敗的自己感到心灰意冷、自愧弗如呢？其實這並非因為我們無能，無法完成那些目標，而是明明知道目標為何，卻習慣和自己妥協。

其實我們是最清楚妨礙自己朝目標前進的絆腳石為何的人，所以我們要先正視現實，清除扯自己後腿的行為。而節制不只能幫助我們回頭審視自己的習慣，還能提升我們的專注力和行動力。

如果你認為實現夢想的方法就是一味地往前衝，那麼就失算了。銬著沉重的腳鐐不顧一切向前衝，反而馬上就會因為疲憊而放棄目標。因此在做任何事之前（或打算做的同時），先檢查有沒有和目標衝突的行為，然後進一步節制。畢竟唯有先掙脫腳上的鎖鏈，才能快速地向前邁進。

第二步：節制自己認為不夠好的行為

最近我在社交平台上提出一個問題：

「你覺得自己不夠好的地方在哪裡？」

我不確定一共收到多少回覆，但是我把大約幾百則的內容都讀完了，大部分的答案如下。

「擔心很多。」

「只要一點不順遂，就習慣放棄和逃跑。」

「發酒瘋。」

「生氣前都不先多思考一次。」

「喜歡和朋友比較。」

此外還有每次約會都遲到，該做的事總是愛拖延，或是不懂得整理，只是堆滿了垃圾，或是無論做任何事總是太急，導致經常失誤等各種回覆。

任何人都有覺得自己不夠好的部分。當想讓自己成為更好的人時，大部分的人會把重點擺在設定和達成新目標，而非想著節制不夠好的地方。如果你明確知道自己的問題在哪裡，那麼比起達成新目標，節制自己不夠好的那一面，反而會讓自己更滿足。

我也經常給自己時間反省不夠好的行為。例如，講好聽一點是行動力佳，但實際上是做事很急，欲速則不達。所以工作時我總是對自己說：「慢慢來，穩穩地做！」節制急性子這項弱點。這樣一來就會比平常更細心、更冷靜地處理工作。

其實這些不夠好的地方都不會對生活造成什麼困擾。即使你仍然照原本的方式生活，也不會有人跳出來說什麼，甚至也不會妨礙自己完成更遠大的目標。但是能夠節制連自己都覺得是問題的一面，不但可以在精神上為自己帶來更大的滿足，當成功節制後，你會發現對自己變好的樣子有感，為自己感到驕傲，成就感也會自然提升，進而產生繼續遵守和自己的約定的想法，對待每一天的態度也會改變，而過程中你所感到的愉悅和幸福更是附加價值。

現在就試著想想自己有什麼壞習慣，然後練習節制。雖然你可能無意間又做出相同的行為，然後突然意識到「這樣不行！」像這樣坦承自己的失誤，就代表你已經開始改變。

第三步：節制浪費時間

起床、準備上班、上班、午餐時間、下班、休息，這是平凡的上班族一天的行程，一看就知道沒有自由時間。但同樣是上班族，有的人被日常生活綁架，辛苦地撐過一天，有的人卻能享受各種休閒生活，甚至自我進修。可是為什麼明明每個人都被賦予二十四小時，卻過著截然不同的一天呢？

你是否有想嘗試的事，卻以沒時間為由，連想都不敢想呢？如果為了做自己想做的事，必須要大幅改變日常生活，忍受家人的犧牲，還有放棄現在正在做的事，想到這裡，很多人都會猶豫。

然而現實並非如此。雖然真的有人忙到連一秒的時間也空不出來，但是不知道自己有時間的人占更多數。如果到目前為止你都覺得自己沒有時間挑戰新事物，那麼就想想看，一天當中你什麼時候會浪費時間。然後透過節制浪費時間的行為，回收那段空下來的時間。只要這麼做，那麼你也能精打細算地度過每天的二十四個小時。

• D離職後，睡前都會看差不多三小時的電視。雖然這個行為並沒有什麼大問題，但是如果想挑戰新事物，只要能夠節制看電視的行為，那麼一週就能確定有二十一個小時的額外時間。

如果把這些省下的時間，適當地分配到運動、準備證照考試、副業等領域，那麼一天就能過得更充實。即使把一天省下來的時間額度拿去看電視，每週還是有十八個小時。像這樣不需要另外擠出時間，只要節制一直以來的慣性行為，就能多出額外的時間。

E每天早上會花三十分鐘化出最完美的妝容，如果再加上弄好頭髮、穿好衣服，每次外出都要花一個小時以上的時間。因此，即使E早上早點起床，上班還是很趕。

這裡E需要節制的行為是什麼呢？把化妝的三步驟，減少到一個步驟嗎？不，應該被節制的行為是挑衣服、坐在化妝桌前發呆、煩惱要搽什麼口紅等平常下意識浪費時間又不必要的行為，這樣早上就能再悠閒一點。這項改變的核心是節制浪費時間又毫無意義的行為，而非縮短花在做某件事的時間。

很多人會誤會因為我凌晨起床，所以時間比其他人多。雖然凌晨起床確實對擁有自己的專屬時間有幫助，但是即使我不在凌晨起床，還是會透過節制浪費時間的行為，確保自己擁有充分的時間。

例如，一般來說如果我早起，就會利用通勤時間看YouTube，如果今天我睡晚了，就不會看YouTube，直接利用那段時間工作。還有，晚起的日子我也不會花太多精力在挑選當天要穿的衣服。也就是說凌晨的悠閒時間減少，那就節制不重要的事，把時間集中在今天要做的事，不要把時間耗在不需要的地方。

•

節制浪費時間的行為最好的方法，就是重新設定事情的優先順序，接著思考應該部分節制，還是完全節制即可。現在你是否花太多時間在不重要的業務上呢？或是明明已經達成目標，還是持續做著同樣的事情？如果為了新挑戰，有些待辦事項可以暫時保留或中斷，那就將那些時間一點一點收集起來，投資在自己的未來上吧。

現在我除了工作時間以外，花最多時間的行為就是剪片。雖然這是用來紓壓的休閒時間，但是如果想當YouTuber，這也是不得不投資的時間。但是當我要寫書，就會壓縮剪片的時間，減少影片更新的次數，也就是部分節制剪片的工作。如果平常我每週都會剪三次片，那我就壓縮到每週一次，然後利用省下來的時間寫稿。如果遇到公司的工作多，忙碌的時候，我就會同時減少剪片和寫稿的時間。像這樣決定手上工作的優先順序，找出最重要的工作，節制當下較不重要的工作，利用這種方式也能在不勉強的狀況下達成目標。

一直以來我都努力讓自己同時能做很多事。當我在念法學院的時候，要邊上課邊打工，甚至還加入了學校經營的談判組（negotiation team）和模擬審判組（mock trial team）。現在則在大企業擔任公司律師，同時也是YouTuber和作家，享受各種興趣和進修活動。

身邊有很多人看我這樣，總是會擔心地問我怎麼做這麼多事，這樣是不是太勉強自己了，但是我從未勉強自己做這些事，也從未為了達成偉大的目標而刻意為之。因為我只是對電視節目沒興趣，也不享受躺著發呆的時間，覺得只盯著手機看太浪費時間，所以自然而然我的生活樣貌也變得如此。我只是看時機決定事情的優先順序，而不在這份清單上的事情就暫時遺忘。也就是說，我算是親自證明不需要努力擠出額外的時間，只要節制浪費時間的事，無論做什麼都可以。

拿沒時間當藉口推遲該做的事，只是「其實那件事一點也不重要」比較好聽一點的說法，所以不要再拿沒時間當藉口了，因為一定有個破口不斷讓你的時間溜走。

PART 3

第二個
好好利用自己的
專屬時間的方法，
進步

CHAPTER 9

進步真正的意思

如果你想成為有創意的人，那麼你需要兩樣東西。第一，克服落單的恐懼；第二，懂得如何善用孤單。——羅洛．梅（Rollo May）

升級自己

如果說透過重新設定，可以把不夠好的自己全部擦掉，變回一張全白的圖畫紙，那麼現在要開始在那張圖畫紙上作畫，我把這個過程稱作「升級自己」。

大家都說喜歡挑戰新事物的我總是忙得暈頭轉向，但如果仔細探究，其實我醒著的時間並沒有比其他人多很多，或是把精力都放在所有事情上。我只是把原本向外發揮的能量，向內收斂罷了。

升級自己並非單純熟悉某項技能和知識，也不是投資時間以獲得更大的財富和爬上更高的社會地位。不是達成遠大的目標，而是為了讓今天的自己變得比昨天更好，按照自己的速度成長。它真正的意思不是讓自己變成完全不一樣的人，而是發現另一個自己。

不要太執著於結果，試著用有創意的方法親自實踐光用想的就覺得開心的事。讓我們反覆執行清空、填滿、學習、變強的過程，只要找到真正的自己，按照自己重視的價值重新整備人生，就能漸漸畫出更精采的自己。

現在重要的事是什麼？

在正式升級前，也就是在我們探討進步之前，有件事一定要先做，就是搞清楚什麼是重要的。明明現在的我迫切需要休息，可是我卻為了發現另一個自己，強迫執行新的休閒嗜好，或者明明我需要動手改變環境，可是我停下來的時間卻變長了，如果是這樣就不算進步。

為什麼我們不把時間投資在重要的事情上呢？大家都知道健康很重要，但是實際運動或注意飲食的人卻不多；大家都說家人很重要，卻不願意花時間和他們相處；明明重要的考試將至，卻不念書。我們習慣把自己擺在後面，優先照顧別人，也因為把自己擺在優先位置的時間少，成就感便無法提升，生活的滿意度自然就低。甚至有時候連自己將失去所有珍貴的事物，還是對自己置之不理。

每個人覺得重要的事物都不一樣，領悟某件事的重要性的時機也不同。日子一天天過去，自己認為重要的事物也可能隨之改變。

大學的時候，我認為友情是人生中最重要的事。我不把成績放在眼裡，只要和朋友在一起，我就很開心。所以我花了很多時間和朋友見面，這件事也成了我的第一順位。

上了法學院後，我的優先順序變得完全不一樣。比起朋友，念書最重要。從睜開眼睛到入睡的那一刻，我都在念書。我的成績和考試及格與否，以及我會在哪裡就業左右了我的幸福。面對即將到來的律師資格考試我也一樣，即使健康惡化，還是認為及格最重要，比起運動，我更偏重考試。想當然健康狀況絕對是每況愈下，但是因為念書優先，如果要我把時間花在運動上，我會覺得很浪費。

剛當上律師，在法院工作的時候，我也覺得工作最重要，整天腦袋裡裝的都是我負責的案件，下班後我也會全心全意地研究和掌握案件。不知道是不是因為準備考試的時間太久，導致我對工作的渴望極度強烈。我希望能快點熟悉工作，發揮專業，成為有能力的律師，這是當時我人生的第一順位。

回到韓國開始了平凡的上班生活，我的優先順序又變了。剛開始我把上班族應該顧到的未來願景、工作、職等、收入等擺在優先，現在我則覺得健康、和家人相處的時間最重要。所以上班前的凌晨時刻是我專注度最高的時候，我會拿來當作自己的專屬時間，中午運動，下班後早點回家陪伴家人，這些占了我生活中很大的比例。

我們認為重要的事情，總是會隨著日子不斷改變。因此，我會一直掌握自己認為珍貴重要的東西是什麼，然後整理事情的優先順序，這樣才會進步。如果你不記得真正重要的是什麼，也不下定決心執行，那麼無論你有多清楚應該做那件事，你還是不會付諸實現。

很多人看到凌晨四點三十分起床的我，都會帶著一種疑問，究竟凌晨早起能帶來什麼好處。雖然那段時間多睡一點對他們來說很重要，可是對我來說有比睡覺更重要的事。當然偶爾我也會覺得多睡一點比較重要，但是上班前我真的迫切需要自己的專屬時間。

中午不和同事一起吃午餐而選擇運動，或下班後和家人相處也一樣。雖然對看重人際關係的人來說，會把中餐和晚餐時間優先留給公司同事或朋友，但是我認為健康和家人很重要，所以決定用自己的方式度過那些時間，並且在過程中得到快樂。因為我把時間投資在我認為重要的事物上，所以也更能強烈感受到其中的成就感。

只有自己能決定什麼事情重要，但這不是在討論什麼事情更有價值，而是唯有知道現在的自己看重什麼，然後制定出符合那些事情重要程度的優先順序，這樣才能升級，過程中也才不會有所動搖，能夠穩住自己的重心。例如你認為升職很重要，那麼為了獲得好評價，聽上司的話做出成果再合理也不過。相反地，如果你認為個人的進步更重要，那麼就把投入工作的精力降到最低，去追求公司外的成就，這樣才會獲得讓自己更滿足的成果。

現在你該做的是什麼呢？這題沒有正確答案，必須由你來決定。那麼在我們開始升級前，請先條列出目前在你的人生中，你重視的價值是什麼。然後即使別人辱罵或嘲笑你的答案，都要給自己勇氣，不屈不撓地執行下去。

CHAPTER 10

尋找潛力的方法

真正的獨處就是奢侈地沉浸在自己選擇的事情之中，明白這份充實來自於自身的存在，而非別人的缺席。因為孤單就是一種成就。——愛麗絲．科樂（Alice Koller）

創造欲望的查資料力量

在陽光炙熱，風吹來涼爽的某個週末，我一早出門運動，回到家後想說不知道有什麼新鮮事，便開始拿著手機搜尋。

「學英語，現在還不遲！學費半折優惠！」

「光靠這個方法，一個月就能瘦八公斤！馬上點擊連結！」

「在自己的房間也能輕鬆發展興趣、創業，甚至理財，馬上開始吧！」

只不過打開網頁視窗而已，居然就看到三個廣告。該學什麼，是否該為生活做點變化，想是這麼想，但其實很茫然，不知該從何做起。雖然點了廣告，也會先自我懷疑和擔心自己是否真的做得到。

「要不要考個證照呢？」

雖然你可能會暫時想像考證照的情況，可是因為不知道該怎麼報名、需要經過哪些程序、那個證照是不是真的有用而猶豫不決。為了打聽是否有更簡單的方法，你決定寄封電子郵件或簡訊詢問可能會知道的人，但是因為得不到詳細的回覆，最後也就不了了之。

•

進步的第一階段是查資料。那麼查資料該怎麼做呢？或許大家最先想到的方法就是問有經驗的人吧。我身邊也有不少人可以讓我問「想成為律師該怎麼做？」「想當YouTuber該怎麼做？」「我也想出一本書，該怎麼做？」

詢問有經驗的人當然可以輕鬆又快速地獲得資訊，但如果不自己花時間找資料，光靠詢問某個人很難得到很大的幫助。因為把網路上就能查到的資訊問人，對方可能會覺得煩，而且即使對方有經驗，也不一定能將所有過程一一解釋清楚。即使對方是你認識的人，建議還是先自己查過基本資料，縮小問題的範圍，再具體詢問不知道的部分比較有效率。

當你找到一件想做的事時，自己打聽資訊比較好。對方聽了我的問題，其實也不一定知道答案。而且你想走的路，不一定會出現在他的人生，加上時間差，他所知道的資訊也可能是錯的。

但是我之所以推薦自己找資料還有另一個原因。如果有人詢問自己也不太清楚的事，大部分的人比起坦白地承認自己不知道，通常會說「不可能啦」「那很難」，一律從結論說起。如果只聽別人的話，不願意再去打聽，那麼就會放棄。相反地，有時候如果自己先調查怎麼做比較好，反而會發現原來那件事和自己預想的不同，其實很值得一試。

而且在找關於新目標的資料時，也自然會找到執行時將遇到什麼困難，以及克服的方法。而且即使找一找之後發現執行的可能性低，也能得到重新整頓計畫以達成目標的機會。

當我想自我進修時，最先做的事也是找資料。就像買衣服時，我們都會試穿好幾件才買，而為了找到真正適合自己做的事，我也會從多個領域下手。

不過我很意外很多人在自我進修上不重視探索，但是我的想法不同。世界上有很多人不知道自己可以做什麼，想當然大多數的人連自己想做什麼也不知道，而且即使知道也不知道該怎麼做，於是不斷拖延執行的時間。

對這種人來說，查資料就是一種進步的方法。對於打算找到想走的路的人來說，查資料是最好的方法，不僅可以掌握有趣的事物，打開自己的潛能，還能計畫未來。查資料的過程中可能會冒出「沒想到有這種課程呢」「要不要先學三個月左右，再一點一點開始試做呢？」的想法，然後幫助你畫出更具體的藍圖。

尤其網路是查資料最好的途徑。即使不熟悉網路搜尋的人可能會因為網路資訊太多而感到頭痛，但是如果仔細瀏覽，就可以慢慢找到自己想實現的目標會經過哪些過程和步驟，然後自己再系統化地消化整理。而且也可以找到和自己有類似目標的人，他們所聚集的論壇或經營的部落格，在那裡可以找到很多能回答自己問題的答案，也有無數為達成相同的目標，彼此加油打氣的文章。

這裡有件需要注意的事，就是查資料時，必須把焦點擺在對挑戰有正面效果的內容。調查的目的是為了讓日常生活變得更特別且做出有趣的變化，以及為了找出進步的潛能，例如在多餘的時間值得嘗試的新事物有哪些等，所以不要找現在不適合開始進行某件事的理由，還有我一定會失敗的理由等資訊。

此外，在開始新的挑戰前，不需要為了讓自己達到完美的條件而埋首於查資料中，否則反而因為自己還不夠好的想法，感到沮喪。因此，如果找到自己想做的事，就先進入第一階段，第一階段成功後，再繼續找資料，了解若要達到下一個階段應該做些什麼，像這樣反覆執行和查資料。

如果想進步，不需要現在馬上得做什麼的想法。先給自己時間輕鬆地查資料，尋找最適合自己的衣服。這一步，就代表你已經開始了。

機會是留給自尋出路的人

二〇〇四年三月我領到美國密西根州立大學的錄取通知，並且在同年八月入學，而在入學前的五個月裡，我一直在想要不要做點什麼，所以到處查資料。我找了學校的資料，也查了入學後該上什麼課和授課教授的資料。關於學校有哪些社團，其他同學在課餘時間還會參加什麼活動，我也都先提前打聽清楚。看來那時候我對終於成為大學生一事感到喜悅，想快點展開大學生活。

就在我持續找資料的過程中，找到一份吸引我的檔案，標題是「暑期學分認可申請表」（summer credit transfer form）。我看了附加檔案裡的說明書，上面寫著學校承認學生暑假在其他國家大學上課所得到的學分。雖然這僅適用於完成一年級學業的學生，但這是個不容錯過的好機會。如果出國前我先在韓國上課，這樣就可以節省學費，是我必須抓住的機會。

於是我帶著興奮的心情馬上聯絡學校，詢問準新生是否也適用這項辦法。學校回信告訴我，雖然一般入學前上暑期學分認可課程的情形不多，但是只要繳交幾份文件即可。於是我拿到學校的許可後，在密西根州立大學入學的八月前，就先去高麗大學上暑期課程。因此本來入學後才能上的課我都先在韓國上完，這樣不僅節省學費，本來四年制的大學，我更是只念了三年便畢業。

大學入學前先去上先修課可能看起來沒什麼，不過這件事的重點不是在於學校願意承認學分，而是我在入學前剩下的時間裡找到可以做的事，而且還為後來的出路幫上大忙。其實不需要因為大家都只走一條路，就覺得那是全部。可以仔細找找最近有沒有什麼規定改變了，有沒有適用於自己的特別招生方法，是否有例外的條款，那麼就能為自己開創一條新的道路。

另外，請大家特別注意，就是只能相信官方資訊和負責人的回覆，千萬不可以依賴非官方推測的資訊和意見。雖然我事後才知道，有某位同學和我一樣在入學前先上課然後插班，但是反而遭到退學處分。雖然我們在同一所學校上同一堂課，但是他並未事先得到負責人的許可，導致校方誤會他偽造大學入學申請書，反而為自己帶來不利的後果。據說當時是因為他單方面相信一起上課的同學之間傳的消息，才會發生這種事。近年來資訊取得方便，不實資訊也跟著多起來，所以如果不確定消息是否屬實，一定要查證。

另外，當你認真搜尋關於自己想做的事，發現已經很多人在做，可能會覺得不要做比較好，但是跳入紅海，不一定代表自己就一定會落後。雖然嘗試獨特且沒有其他人做過的事更特別，但是即使走的路相同，如果有自己專屬的風格，也能得到不一樣的結果。要記住，任何事只要是特別的我來做，就會是最特別的事。

從今天起就開始積極探索自己可以做什麼吧！路會為找路的人而開。即使只是從房間一隅開始，也可能為你打開另一個機會，打造出更好的你。

CHAPTER 11

從自己能力所及之事開始

如果我不為自己做，誰來為我做呢？而且此時不做更待何時？

——拉比・希勒爾（Rabbi Hillel）

現在必須馬上開始的理由

我們總是想太多，不斷煩惱「為什麼我要開始做這件事」「我想獲得什麼」「我能達成多少成果」等，但是你很難輕易得到這些問題的答案，因為在你還未親自嘗試前，都不會得到結果。

當你藉由查資料知道自己想做什麼，腦中是否有閃過「我要不要也試試看？」的想法呢？如果有，現在就馬上站起來試試看吧。不需要等到萬事俱全，裝備可以之後有需要再購入。如果你覺得還有哪裡不夠，就再慢慢補齊吧。這樣當你往下一個階段邁進，自然而然也會準備好這些必需品。

假設你設定的目標是運動，那麼現在你能做的就是隨便穿上一雙家裡的運動鞋出門慢跑，跑一跑覺得腳痛，你自然會知道需要一雙有氣墊的運動鞋。買好球鞋再跑一陣子，你可能會發現自己需要的是肌力運動，然後再加入健身房。這一切看似毫無計畫地開始，但你有發現中間也已經過了好幾個階段，正一步步進行下去嗎？

但相反地，當你找到適合自己的運動是什麼，然後找到符合該條件的健身房後加入，接著又買了各種運動服和運動器材。如果你的開始是如此，那麼會發生什麼事呢？等到都準備好你可能已經空轉了幾天，而在這段期間你想做點什麼的熱情最後也冷卻了。於是你並未得到實踐才能獲得的答案，只是白白浪費時間和金錢。

計畫考檢定或考試時也一樣。如果查好自己要考什麼，那就先報名吧。然後去書店買一本最簡單的理論書和題本。只要讀過有基礎知識的書，自然會得到和考試相關的資訊，也會冒出該怎麼讀和日後的計畫。當你掌握自己不夠了解的部分，就以那些作為備考的重點即可。上線上課程的方法也一樣，不要等到課本送到家裡再開始上課，沒有教材，馬上上課就對了。

凌晨我的鬧鐘若響，我會在心中倒數「五、四、三、二、一」後馬上起來。在心裡冒出好累、好疲倦的想法前，瞬間移動身體，讓想再多睡一點的想法縮回去。這是培養行動力最好的方法。現在馬上能做的事是什麼？有該做的事嗎？有想做的新事情嗎？試著在五秒內開始吧。正確答案就是「先做再說」，而不是「等等再來試試」。

請不要想太多，你不會因為現在馬上開始而有所損失。偶爾或許會因為進行得太快而錯過什麼，但之後再補回來即可。反正準備得再完美，還是無法避免失誤。

先將事情習慣化，就能看見成果

當沒有任何計畫或目標時，我就會培養新的日常習慣。因為偶爾加入不一樣的待辦事項，反而會得到意想不到的結果。

幾年前公司的業務時間做了點調整，午餐時間延長到兩個小時，讓我煩惱這突然冒出的空白時間要做什麼，實在想不出來。上班前我已經利用了自己的專屬時間，下班後也會運動。

因為已經沒有需要再做的事，午餐時間漸漸變成和同事閒聊或坐著發呆的空虛時間。於是我問身邊的人：「代理，您中午打算做什麼呢？」「科長，您最近中午做什麼呢？」但始終沒得到吸引我的資訊。

我現在有兩個小時的自由時間，用一天來算是兩個小時，從星期一到星期五，一週就有十個小時。我覺得不能什麼都不做，所以便找一天快點吃完中餐，到公司附近的書店，開始認真搜尋之後可以做的事。如果慢慢瀏覽最近出版的書的書名，就可以掌握最近流行的話題。

一走進書店，我就看到千片拼圖。我想，如果每天拼一點，應該馬上就可以拼完。可是在公司拼拼圖感覺很混亂，我想像自己在會議室裡拼拼圖的樣子，就覺得似乎沒這麼好玩。

拼圖旁擺著心靈勵志書。雖然我知道當人沒有什麼動力時，閱讀這些書很有用，但是我需要的是新挑戰而不是激勵。因為我不是沒有意志，只是不知道該做什麼，於是我便輕輕地把書放下。

接著我又逛了逛書店，看到教人如何編輯YouTube影片的書。當時我完全沒想過要當YouTuber，也完全沒有要學影音編輯的想法。可是看到這麼多教學書，我不禁想這個領域一定有它值得學習的價值。於是我拿起一本書 ，同時心想：「應該只有廣電背景的人需要學影音編輯吧」「如果學這個，可能需要很多器材和花很多錢」。

但是當我打開書來看，發現一切比我想像中簡單。書中除了影像剪接，還寫了如何上字幕和背景音樂。其他書甚至也說明了拍攝和相機挑選的方法。當我知道電視台使用的軟體（Premiere Pro）就像在手機裡拼貼相片一樣簡單，我的抗拒感也消失了。

最後我帶著試試看的心情買了書，下班時在地鐵開始看，但是我並沒有特別的目標，搞不好我只看完書就到此為止了。而且就算我真的學了影音編輯，我也想不出來要把這項技能用在哪裡，以及我要剪什麼樣的影片。

不過每天中午跟著書一點一點學習剪片，讓原本只是不想空虛打發時間的我漸漸對這個領域越來越有興趣。之後凌晨、晚上，只要有空我也會練習，於是剪片成了我日常生活中的新習慣。

這樣看來，我也不知不覺間創造了另一個出書的機會。一開始我覺得寫書很難也很枯燥，但我還是將這件事習慣化。我認為無論喜不喜歡，把這件事變成必須持續做下去的事，至少最後還是能做出結果來。於是我每週花兩、三個凌晨寫稿，我的第一本書就誕生了。之後我也一直將寫書這件事當成我的日常習慣，現在第二本書，也就是這本書，也出版了。

有很多人認為要有興趣才能當興趣，但即使自己是該領域的門外漢，如果習慣性地做，興趣也會膨脹。即使目標不明確，也可以先將其習慣化，這樣意外的機會就會不斷出現。還有每天讓自己一點一點進步，就會慢慢產生興趣，實力也會比一開始進步得快。獨處時、睡不著時、無聊時，不要因為不知道該做什麼，而毫無意義地虛度光陰，馬上為自己開發新的日常習慣，或許會獲得意想不到的結果。

如何創造能力所及之事

最近要做的事太多，明明是週末，卻要看說好星期一要回覆的合約，報告也必須提早寫，而且即使報告寫了很多次，每次寫還是覺得很難。可是我晚上要寫第二本書的原稿，還有剪上傳到YouTube的影片，以及去上最近才開始的拳擊課程。啊！我甚至晚上還和人約好吃晚餐。「唉……一定要赴約嗎？」我在心裡默默祈禱約會能取消。如果我問「今天還是如期見面嗎？現在疫情沒關係嗎？」大概任誰都看得出來我不想赴約。

剛開始這一切都是我自己抱著愉快的心情開始，可是不知道從什麼時候起，介入的人變多，也為我帶來壓力。好像如果我的進度慢了，行程就會拖累，事情就無法進行。然而不一定是因為這樣才讓我倍感壓力，只是我這無可救藥的責任感，逐漸讓我感到喘不過氣。想到今天為什麼身邊的人特別散漫，而且早上我明明整理了床鋪，什麼時候又變亂了，真教人心煩。最後我不管床鋪了，直接倒下來睡一會兒。

即使再怎麼勤勞又充滿熱情的人，偶爾還是會覺得做什麼都煩，什麼都不想做，遇到事情超載，還會不想讓自己開機。這時候該怎麼辦呢？雖然乾脆休息個夠也不錯，但是還有一個更有效的方法，就是把該做的事情調整成我現在力所能及的事情。

這對我來說是很有效的精神管理。如果你認為「明明是週末，可是要我星期一上午前把資料看完？為什麼我要做？」那麼就反問自己「明明是週末，這份合約我星期一前看得完嗎？」如果不可能，就說清楚，但是可以的話，就把這件事貼上「我能做」的標籤。把想法改變成因為我能做而做，不是強迫自己應該為誰而做，這樣你就會覺得一切都很輕鬆。

運動、打掃、晚餐的約會也一樣。因為能做，所以多動一點。因為能做，所以多體貼別人一些。因為能做，所以多投資一點時間。因為能做，所以挑戰。如果這樣想，就會一下子熱情高漲。

•

如果我覺得沒有特別想做的事，也沒有必須做的事，那我就會想自己現在能做的事有哪些。如果最優先能做的事是打掃房間，那就把看完隨處放的書放回書櫃上原本的位置，清掉累積的垃圾，整理包包，擦拭角落的灰塵。因為這些是現在馬上能做的事，所以就做做看。

打掃完後，我躺在沙發上，看見有影子在晃動，我便打開窗戶，看到隨風擺盪的樹，彷彿在告訴我外面的天氣風和日麗。我不禁想，要是我繼續待在家裡東摸西摸，搞不好只會睡上一整天，於是便戴上帽子出門。

我在家附近的公園慢慢散步，用手機自拍，將眼前看到的事物拍成影片。去書店閱讀新書，去咖啡廳買一個美味的蛋糕。在這段自己的專屬時間裡，不抱任何期待，做著當下我能做的事。

也不是說這麼做就突然會有什麼特別的機遇降臨，但是當這些過程累積起來，我就變成一個特別的人。因為我在做我能做的事，而在做這些事的時間裡一切都變得可能，所以不要忽視自己能力所及的事。即使這些事看起來既沒意義又瑣碎，卻可能是你的新起點。

CHAPTER 12

想做就做吧

不要限制自己，想走多遠就能走多遠。我所相信的，就是我能達成的成就。

——玫琳凱．艾施（Mary Kay Ash）

讓自己成為夢想中的人的時間

從小我就比玩娃娃更喜歡玩超人遊戲，我會把紅色的包巾披在肩上，到處跑來跑去，拯救娃娃，將它們搬到安全的地方。因為電視或電影裡的英雄擊退壞人拯救人質的樣子很帥，所以我也希望自己能像他們一樣。我想成為當某人處於危險之中或痛苦時，能向他們伸出援手的人。

這也是我為什麼當律師的原因。每當有人遭受不平等的待遇，或是我看到有人難過的樣子，我的心裡就會湧上一股不知從何而來的力量，讓我非常想幫他們解決問題。哪怕只能幫上一點忙，我也會因此感到幸福快樂。

現在我也還是很愛多管閒事，到處尋找需要我幫助的人。我會自動把我知道的資訊分享給同事，即使他並未主動向我求救，而且如果有人找我幫忙，我也會像超人一樣趕到他們身邊。雖然一定有我幫不上的忙，但是盡力幫助他人是我活著的信念。

有一年冬天，我在開車時看到一個身穿黑色羽絨衣的人倒在路旁，我嚇得趕緊把車停在路肩，並打給119。接線人員請我確認他的脈搏和呼吸，但是我嚇到了，不敢走到那個人附近，最後竟告訴接線人員他好像沒有生命跡象了。因為我不知道該怎麼處理緊急狀況，所以在等待救護車的時間裡，我什麼也做不了。

頓時間我冒出好幾個想法。倒在路邊的那個人可能是別人重要的父親或丈夫，我可能一不小心就會被誤會成加害者。經過的人邊走邊說著「好像出車禍了！」在這混亂的情況下，我完全想不到該怎麼辦。我很害怕，當下能做的就只有交通引導，避免二次事故發生。不知道過了多久，倒在冰冷地上的人被救難人員用擔架抬走。

我有好長一段時間忘不了這一天。雖然被倒在地上的人嚇到也是原因之一，但是我為自己感到震驚，被嚇得什麼也做不了的我的樣子，太讓我不知所措了。於是以這次事件為契機，我下定決心要拿到CPR（心肺復甦術）的證照。雖然人生在世不知有幾次機會可以幫別人做心肺復甦術，但是我想改變那個看到有人倒在自己面前卻束手無策的自己。

雖然即使沒有證照，只要會心肺復甦術，任何人都可以救人，但是我的目的並非考取證照，而是透過向專家學習正確的心肺復甦術，在遇到真實狀況和類似氣氛的情形下，我可以正常發揮，執行急救措施。

其實就現實面來看，我學心肺復甦術可能沒什麼用。受訓時，學員輪流自我介紹，我發現除了我之外，大部分的人都從事醫療相關工作。我根本和這張證照沒有任何關聯，或許講師也想問我「為什麼你想要獲得這張證照呢？」受訓當下，我也冒出「我什麼時候用得到呢？」的想法。

在結束六小時的教育和實習後，平常走路總是放空的我開始有了查看四周的習慣。不過我並不是希望有什麼意外發生，只是我學到救人時緊急處理的重要性，不想錯過那個黃金時間。

不久後，中午時我和律師同事在前往書店的路上目睹一場機車和計程車相撞的意外，平常我一定會害怕得只在一旁觀看，但是那天我一聽到「砰」，就自然而然地移動腳步，並且按照所學，在短時間內觀察現場，並打給119請求協助。面對接線人員請我確認傷者脈搏和呼吸的指示，我也毫不慌張。

幸好機車騎士呼吸正常，不需要做心肺復甦術。我告訴倒在地上的機車騎士我已經聯絡119，一切都會沒事，然後就守在原地避免在119抵達前發生二次意外。

「律師，我看您一聽到車禍聲就馬上跑過去，嚇死我了。」

雖然我也不太清楚這件事，但是整理完現場後，同事說我毫不猶豫地就跑向車禍現場，讓我對自己真的感到很驕傲。

不過這種狀況如果匆忙介入，有時候反而會捲入一些問題，所以我才會接受專家訓練，取得證照。對我來說，因為害怕最差的情況而放棄最好的選擇是一件更羞恥的事，因此受訓完之後，我便積極地告訴公司同事說：「如果同事中有人突然心臟驟停，要馬上打119，然後告訴我！」

於是我靠著這個方法，成為小時候夢想中的超人，雖然這和大家所認識的超人有些不同。

不要等待挑戰的契機

「我也曾夢想當作家，但現在因為上班，沒有挑戰的機會。」

「我也曾夢想當律師，但結婚生子後，時間都溜走了。」

「我也想拍看看身材形象照[2]（body profile），但到底什麼時候才有時間運動啊？」

「我的夢想是當歌手，最近選秀節目這麼熱門，我要不要去參加看看啊？可是我已經很久沒唱歌了……」

這些都是我實際聽過的話。

其實我們很清楚一定有人邊上班邊寫作當作家，一定有人結了婚、生了小孩，雖然

2 原為健身專家或健美選手記錄身形所拍攝的照片，後來普及到一般人的日常，更在二〇二一年成為廣受韓國二十、三十歲年輕人追求的里程碑之一，並常公開於社群媒體上。

晚別人好幾步，但還是進了法學院，當上律師，也一定有人再忙還是努力運動，拍下身材形象照，也一定有人鼓起勇氣參加選秀節目。然而做到的人和做不到的人，兩者的差異是什麼？就差在有沒有挑戰。雖然每個人可能都有自己的原因，以至於無法付諸實現。

改變自己的不是才能。即使一無所有仍勇於挑戰的人，和即使擁有一切仍放棄挑戰的人，兩者之間的差距只會越來越遠。我們都知道這個事實，卻還是無法輕易挑戰。因為我們都在等待讓人拋開現實，走出去選擇新道路的戲劇化契機，讓自己後悔過去的事，並願意脫胎換骨的感人事件。期待有一天自己會心血來潮實際上完成那件事，然而卻總是原地踏步。

但挑戰不一定需要特別的理由，做出新挑戰的最好契機是「就只是想做」。即使我沒有特別的理由，也會為了找到另一個自己而出發冒險，或經常制定改變日常的新目標。然而我說要學跳舞，大家就會問我：「你在準備什麼嗎？」如果我在學拳擊，則又會問我：「是要減肥嗎？」如果是為了考取證照而念書，又會問：「是公司要求嗎？」大家都在問我契機，可是我的答案總是一樣。

「就只是想做，沒有特別的理由。」

聽到這個回覆的人大部分都一臉匪夷所思。他們很難理解沒有明確的目標和原因，何必自討苦吃。教我的老師們之所以問這些問題，是因為他們的教學方式會按照我的學習目標調整，而其他人之所以問我契機為何，是因為他們覺得不帶任何目的，就只是去做的我很神奇。

雖然我已經強調，但是「就只是想做」也是一個理由。只是想學學看，或只是想挑戰，光這樣想，就有充分挑戰某件事的價值。

•

我曾問過拳擊教練怎麼會開始打拳，他說本來他有其他的夢想，可是因為喜歡運動，因緣際會就打起了拳擊。我也問過跳舞老師怎麼會開始跳舞，他說本來是興趣，因緣際會就當上了舞者。我又問瑜伽老師同樣的問題，他說本來平常就喜歡瑜伽，因緣際會就考了證照當老師。然後我又問一起工作的律師們為什麼下定決心當律師，有一位說本來是想當醫生，但因緣際會就走到這裡了。

有的人跟我一樣有確切的夢想和目標，明確知道自己想做什麼，相反地也有很多人什麼都做，就這樣做出成果來，而他們的成果價值並不亞於我。

他們並未發生像電影般戲劇化的事件，單純因緣際會之下開始做某事，也沒有放棄的理由，就這樣堅持做下去，也成就了更好的自己。他們的例子搞不好比先有具體的目標再開始挑戰的情況更了不起。他們沒有特別的理由，只是持續地做某件事，然後做出成果，這並不容易。看來「因緣際會」是個聽起來簡單，卻又像魔法一樣的詞呢。

「因緣際會」創造奇蹟的過程，和「就只是想做」是最好的契機的理由類似。只要開始做一件新的事，過程就會經歷波折。雖然一蹴可幾的情況很少見，但即使抵達的不是原本的目的地，也可能會抵達新的目的地，改變原本挑戰的目標，在失敗和重新挑戰的交替進行中，獲得精采的成果，在因緣際會下成長。

所以開始吧！然後堅持下去。即使事與願違也不要感到挫折，再挑戰就好，而且你一定能獲得只有挑戰才有的經驗。在挑戰的過程中，我們能獲得最有價值的教訓，就是認識將恐懼化為激情和期待，將失敗就是終點化為失敗是另一個起點的方法。

想重新挑戰童年的夢想也好，用自己的方式實現放在心上已久的點子也好，再次嘗試過去曾失敗過的事也不錯。只要繼續做下去，總有一天必定會遇到「因緣際會」的那瞬間。

恐懼是正面的訊號

你是否下定決心做新的事情，卻總是害怕呢？如果是這樣，那真的太好了。因為如果一開始你就不害怕做那件事，那麼那件事可能不是你人生的轉捩點，只是一件普通且該做的事。如果擔心身邊的人不支持你，這也是件值得慶幸的事。因為當我們發生好事時，真心支持的人並不多，所以不要為身邊沒有人講你想聽的話而猶豫不決。

恐懼是當遇到未知的世界前，會產生的自然反應。因為無法馬上看到結果，當然會害怕。真的開始執行後，你就會發現「沒想到做起來還不錯呢？」那麼從某刻起，你就會開始期待一切都能順順利利，並且好奇該怎麼做才能做得比現在更好，遇到的問題是否能解決。

雖然做什麼都可以，但是盡可能選擇讓自己害怕的事更好。讓自己脫離舒適圈，進入新的環境。即使有些不自在，還是得克服不舒服的時候。試著放棄對自己有利的條件，即使你不想做，但推著自己去執行，就會產生意志力，而當你走上一條不確定的道路，就有可能產生行動力。克服恐懼的方法只有一個，就是閉上眼睛按下開始鍵。

如果你已經果敢地開始，卻還是消除不了恐懼，那就代表你走在對的路上。因為你想把事情做好，想認真做，當然會緊張。因為走在獨木橋上總是比走在平地上緊張。

•

我身邊的人覺得我很大膽，又總是享受自己挑戰的事，所以才會當YouTuber、出書、上節目，還有總覺得我現在也正在計畫著他們不知道的事。

但其實我是個不折不扣的膽小鬼，我不曾毫無畏懼地挑戰某件事，每一刻我都在害怕。三十歲後上法學院的時候、結束長時間的旅外生活回到韓國的時候、開始挑戰新興趣的時候，我都很害怕。但是因為害怕，我的欲望更強烈，也能更努力。

挑戰時有多害怕都可以，但有件事要注意。首先，不要懷疑自己是否能做好這件事，不要讓自己的潛力受限。因為不管做不做得到，如果不去做，任何人都預料不到。

所以先丟掉一開始就要做到好的野心。不順利又怎麼樣呢？慢慢一點一點地往前邁進就好。

再來就是放下一定要成功的強迫觀念。我們並非完人，很少事情能在第一次嘗試就完美畫下句點。而且說不定做一次就成功的事，實際上並非這麼有價值。

還有我希望大家不要抗拒失敗後重新開始。重新挑戰時會比剛開始進步得還快，本來的方式不成功，不代表失敗沒有意義，領悟到必須找到其他方法也是一種收穫。

我也重新過很多次，多虧如此，我才能找到自己的速度和方式，走在適合我的新道路上。我得到領先我的人沒有的機會，因為事情並非完全按照我的計畫走，反而讓我獲得更多。因此每個挑戰的瞬間，都沒有絲毫浪費。

CHAPTER 13

加強不夠好的地方也是一種進步

在我能夠面對最大的弱點前，不會知道我有多強。

——蘇珊·蓋爾（Susan Gale）

學習不會的東西的喜悅

當上律師後，我經常收到很多非我專業領域的法律問題。雖然我不懂就會直截了當地說我不知道，但是內心又經常擔心：「我應該要知道嗎？」因為我認為對方來找我，一定有他的理由，所以每次遇到答不出來的問題，我就會花時間找答案。

律師是一份需要一輩子學習的職業。無論是訴訟、研究合約書，都必須擁有掌握法律知識和事件整體流向的能力，因為釐清事件的原因是基本，還要能清楚了解事實關係。在討論法律問題前，也必須熟悉與事件相關的產業基本知識，因此越了解相關領域知識的律師，越可能被評價為有能力的律師。因為律師必須要先掌握一般人想不到的風險並擬出對策。

例如我在經營YouTube頻道和出書時，研究了各種廣告合約和服務合約之後才簽約，我的這段經驗就會比沒有經驗的律師，更能在著作權相關案件中看出各種危險因素。而擁有建築相關知識的律師，在完全與建築相關的訴訟中，也會比毫無此背景的律師來得更有利。出於這樣的理由，讓我經常關注各種不同的領域。

•

其實我原本以為長大後出社會工作，就不需要再念書。雖然知識和幸福不一定成正比，但是當我開始在社會上打滾後，發現每個人是否持續在領域進修，有明顯的差異。有些人只要有一點不熟練，就會主動投入自己生疏的領域學習和尋找機會，他們和只做自己能做的事情的人不同，總是有特別的體驗。

我也是如此。即使是我不怎麼有興趣的領域，也會在網路上找免費的課程來聽，然後自己買教材來念。最近遠距線上課程比線下課程還受歡迎，也讓自己更容易接觸好奇領域的知識。

例如最近我開始上APP開發相關的免費課程，然後下載軟體來學習。原本一開始我對開發並沒有什麼興趣，只是好奇Google、NAVER、Kakao Talk這些大型ＩＴ企業的開發者要做的Coding（寫程式）到底是什麼。雖然我還不熟練，不知道的東西也很多，但是那又如何呢？其實不用把自我進修想得跟考大學一樣嚴重，也不用一定得精通到跟專家一樣。

學習不熟悉的領域並沒有能實質拿出來的成果，所以在別人眼中看起來可能沒什麼意義，但是對本來不懂的領域產生興趣，然後願意學習的態度，可以成為自我成長的利器。這個利器會帶來開啟各種門的鑰匙，幫助我們發現能夠爬得更高的階梯，而我們只需要開心地踩著樓梯走上去。

害羞的我為什麼挑戰音樂劇

雖然現在看不出來，但是以前的我非常害怕在人群面前說話。在私下的場合我可以和大家處得很好，但是我卻不習慣在公開場合受到眾人的關注。連站到前面說話也很痛苦。

一開始我不覺得這會對我的生活造成多大的問題，我只有在有自信的部分積極參與，不然就只要後退就好。但是當我進入法學院之後，卻沒想到這種個性竟成了絆腳石。

美國法學院的教授會使用蘇格拉底法[3]（Socratic method）上課。教授會在數十名學生之中點一位，然後對該同學拋出各種問題，引導他說出自己的想法。這種教學方式對害怕站在人前說話的我來說，厭惡至極。大概幾乎沒有學生喜歡這種上課方式吧。即使明明知道答案，被點到之後大家也無法好好表達，而且如果教授又排山倒海地展開問

3 由希臘哲學家蘇格拉底發展出來的求知方法。以各種問題詢問對方，使對方在回答的過程中逐步獲得知識的方法。

題攻勢，那麼也一定會感到不知所措。如果上課前沒有徹底做好準備，鐵定會在全班同學面前丟臉，所以我上課前都會拚命準備。

「有真，你有加入保險嗎？」

在法學院一年級的課堂上，教授冷不防地對我提出這個問題。

教授只是單純問我有沒有加入保險，可是在那極短的時間內，我腦中卻閃過了無數種想法。像是昨天我讀的判例中有跟保險相關的案件嗎？教授說的是哪一種保險呢？這個問題背後有什麼意圖？搞得我腦袋混亂。

教室裡的學生全都把注意力集中在我身上，明明應該說點什麼，可是我卻完全開不了口，教室安靜到我連隔壁同學的呼吸聲都聽得見。我把正確答案想得太深入，甚至忘記要回答，只是呆呆地盯著教授。

「有真？你聽得到我說的話嗎？你加入哪一間公司的哪一份保險呢？」

「呃……我什麼保險也沒加吔。」

我說謊了。我有加入留學生保險，而且只要是我們學校的學生，還有另一份必須義務加入的學生保險。我只是不想和教授對話太久，於是不自覺地說了謊。

「這下可糟了。昨天在我們讀過的判例中明明學到，如果沒有保險，會造成什麼損失。關於這點，你是怎麼想的呢？」

教授繼續了他的問題，這讓我相當慌張。即使我課前做好預習，把判例都背下來，卻絲毫想不起來和保險相關的內容。那天一直到下課前，我都如坐針氈。全身冷汗不停，呼吸困難，彷彿要暈倒一樣。

那天之後，上課前我都會更認真地看過所有的判例，但是只要我發現上課的時候教授好像要點我，我就會安靜地逃出教室，或乾脆蹺課。神奇的是，我總是看得出來教授要點我。

「今天教授上課的時候叫了你的名字，因為你不在座位上，所以只好點其他人了。」

「哇，今天我也逃過一劫了……」

但是，事情並未到此結束。

在法學院的三年間，上課時有沒有被點名只不過是微不足道的煩惱，更大的問題是模擬法庭。進入法學院的最後一學期前，我在準備陪審團裁判實習的過程中，迎來最大的危機。不管我再怎麼做好萬全的準備，在許多人面前說話，對我來說還是太難了。只要輪到我說話，我就會忘記呼吸，開始冒汗，把準備好的內容忘得一乾二淨。如果只是這樣還好，有時候我甚至會暈眩，眼前的事物就像地震一樣晃動，讓我失去重心癱坐下來，甚至暈到想吐。到底為什麼會這樣，連我也很難接受這樣的自己。

我想成為專業的訴訟律師，可是卻無法在人群面前說話，讓我覺得這似乎是神在告訴我該換個夢想了。我一直夢想自己能抬頭挺胸，在陪審團面前大聲且帥氣地審判，卻事與願違。沒想到我想做的事，實際上對我來說卻是最難也最辛苦的事……即使我再怎麼念書，經過無數次練習，還是抓不到該如何在人群面前說話。不知不覺我開始急於掩飾我的這一面，也對工作造成了影響。

我需要一個對策。我一個人仔細地想了又想，覺得這可能是一種創傷，於是便接受學校免費提供的心理諮商，可惜幫助不大。就連演說課也一樣對我沒有任何幫助。我在網路上找過「說話之道」「演講的方法」等，但是一點效果也沒有。然而有一天，我為了找方法而到處加入的網站之一寄來一封廣告信，我被它的內容吸引了，是一封關於音樂劇選秀的公告。

或許大家應該很好奇，挑戰音樂劇會如何幫助我克服在人群面前說話的恐懼症，但是當時我覺得因為自己害怕站在人群面前，不如我就乾脆正面迎戰，直接在他們面前表演如何。我也很喜歡那部音樂劇的表演目的，選秀只有法律人才能報名，表演的所有收益將會捐出。當時我還不是律師，於是便詢問主辦方法學院的學生是否能參加，我得到的答覆是只要選秀通過就沒問題。

我居然要參加選秀了。挑戰音樂劇是因為我想克服在人群面前說話的恐懼症，感覺選秀階段就會被淘汰。才第一步就讓我感到困難，我仔細地想了想，選秀也是音樂劇的一部分。把選秀想成是挑戰的開始，我便產生了鬥志。於是便帶著緊張的心情，在主辦方告訴我的日子前往選秀場所。

在那裡我被引導進某個房間，審查委員席坐著的都是熟面孔，他們是學校的教授和認識的學長姐們。

「哇，哈囉有真！你來參加音樂劇選秀啊？好難想像。平常你上課都很安靜呢……先不說這些，你要表演什麼呢？」

我腦中閃過「我不該來的」，突然音樂響起，房裡的人都跟著節奏拍手，於是我也豁出去，閉上雙眼直接就跳起舞來。雖然我不知道自己在跳什麼，但是我真的很想被選上。評審委員叫我開心跳就好，可是我很認真，因為我想克服自己的創傷。不知道注視著我的評審委員是否也感受得到我的心情呢？最後我通過選秀，越過了一道關卡。

•

選秀安然結束後，接下來幾個月的時間，我每天下班後都和團員一起排演音樂劇。總覺得在人群面前跳舞、唱歌、演戲，應該就能克服我的創傷。但是在準備的過程中，卻不斷出現讓我想放棄的瞬間。

「我現在在幹麼啊？」

我開始懷疑自己。因為自信心下跌，我連台詞也放棄了。甚至在表演前一個月，我引頸期盼的喬治亞州律師資格考放榜了，結果是不及格。這讓我心生懷疑，想著我都落榜了，克服恐懼症還有什麼意義。

但我還是撐到了最後。這項挑戰並非單純地殺時間而已，如果我在這裡放棄，那麼我這輩子應該都無法在別人面前自信地開口說話了。

終於時間來到音樂劇的開幕日。明明我沒有邀請任何人，但不知道朋友們是怎麼知道的，都跑來為我加油。知道他們光臨，我的壓力又更大了。可是從另一方面想，有人為我加油，也帶給我力量。

表演為期一週，第一天我的恐懼症尤其嚴重。雖然那麼努力練習和準備，結果卻和練習時相反。當下的我汗如雨下，感覺噁心。然而這週我卻每天都得在幾百人面前表演，都走到這裡了，我也無法說放棄就放棄。雖然少我一人並不會造成什麼嚴重的問題，但是我不能辜負至今一起準備音樂劇的夥伴們，以及遠道而來的朋友們。我絕不能就此放棄。

就這樣第二天、第三天我也在舞台上繼續和我的恐懼症搏鬥。「主啊，請讓我順利撐過去吧。」我除了祈禱別無他法。我在舞台上看起來如何，其他人會怎麼想我都不重要，現在最重要的目的不是在舞台上表現得可圈可點，而是撐下去。表演和練習時不一樣，我經常犯錯，中間還時不時忘記舞步，但我還是在舞台上跳舞跳到最後一刻，嘴上唸著沒幾行的台詞。朋友知道我正辛苦地挑戰舞台劇，他告訴我，表演期間我一直都沒笑，一直在恐懼中掙扎，我的樣子令他感同身受。

表演結束後，我看了朋友為我拍的影片。雖然很害羞，但同時也讓我全身起雞皮疙瘩，看完後我覺得「這次我也戰勝了」。這件事讓我的自信心高漲，好像以後我就能在人群面前抬頭挺胸地說話了。

•

可惜音樂劇結束後，我的恐懼症仍然存在，但有件事卻變得不一樣，我獲得了勇氣，所以無論在什麼情況下，我都不會再無力癱坐，會繼續尋找克服的方法。我也獲得了力量，即使再怎麼害怕，也不會逃避，而是選擇面對。還有我也培養出了意志力，即使可能會失敗，我還是會撐到最後一刻。

在這之前，我一直以為找到自己擅長的事，然後將那個技術磨練得更好就叫做自我成長，所以總是在煩惱什麼是我擅長的事，持續在和我職業有關的法律，或曾長時間身為選手的游泳、運動之類的領域挑戰。我一直誤以為繼續磨練我擅長的事，才能創造出更好的成果。

但是挑戰音樂劇時，我領悟到改善自己覺得困難的部分，比持續精進自己已經擅長的部分，更能帶來長足的進步。彌補自己不夠好的地方，比把自己擅長的事情做得更好還要難。雖然最後可能好不容易達成目標，成果卻不顯著，甚至永遠也無法彌補不夠好的那一面。可是即使毫無收穫，我也想好好面對曾經想逃避的缺點、讓我心生恐懼的事物，哪怕只有一點點，我也想努力把自己的缺點補起來，這不就是真正的升級嗎？

這本書讀到這裡，你該回答的21個問題

1 你認為的反學習是什麼？

2 你想刪除的自我想法、刻板印象、偏見有哪些？

3 現在你有哪些部分需要反學習呢？該怎麼嘗試才好？

4 現在你最需要克制的事是什麼？

5 你覺得和自己的目標有所衝突的行為、自己覺得還不夠好的行為、覺得會浪費時間的行為是什麼？還有，要如何用你自己的方式克制這些行為？

6 你認為的升級是什麼？

7 為了讓自己升級，你覺得應該讓哪一點進步？不要和其他人比較，以自己為中心來思考。

8 對你自己來說，什麼是你現在最重要的東西？為了守護那個東西，你現在正在做什麼？

9 最近讓你漸漸感到有興趣的事是什麼？

10 什麼事是你覺得總有一天想嘗試，卻不知該從何做起？找找看能夠實現的方法吧。

11 有什麼事是你只做計畫，卻未實際開始執行？為什麼你還不開始做那件事？

12 你現在在等待什麼機會？該怎麼做，才能先創造出那個機會？

13 有什麼新的事情值得你改變日常生活？不要設定特別的目標，先把思考的方向集中在行動上吧。

14 現在你馬上能做的事是什麼？如果你做了那件事，情況會和你做之前有什麼不一樣？

15 你童年的夢想是什麼？如果沒有夢想，你想成為什麼樣的人？又或者你想過怎麼樣的生活？試著仔細回想看看吧。

16 這週有什麼值得挑戰的事嗎？即使是很小的事也無妨，試著想想看吧。

17 如果你想嘗試一個新的挑戰，你會如何實踐？

18 是什麼讓你猶豫不決？

19 面對挑戰，你有什麼感覺？如果你感到害怕，那麼試著用文字具體寫下你的感覺，和為什麼會有那種感覺。

20 你認為自己哪一點不夠好？不要害羞，試著坦誠回答。

21 如果想改善自己不夠好的部分，該怎麼做才好？

PART 4

最終我獨立了

CHAPTER 14

如果想擺脫枯燥乏味的日常

你的生活由你決定。像用積木蓋房子一樣，用你所擁有的事物一點一點往上堆疊，並圍繞你堆疊的成果構築你的夢想。——雪兒．史翠德（Cheryl Strayed）

設定好目標的祕訣

工作、運動、讀書、休閒生活……這些都是大家說一定要做、做了真的很好的事，這些也是我現在正在做的事。每天我都會告訴自己「健康很重要，當然要運動」「要賺錢當然要工作」「最近大家都在自我進修，我也該找個新領域學習」。即使沒有明確的目標，我還是會做，先做就會產生變化。在嘗試之後，那些事也變成我的習慣。於是我不抱過多的期待或想法，就這樣每天運動、工作、念書，過著平靜的生活。

然而倦怠期終於出現了，我需要變化。大家可能會想，該做的事都做了，到底還想再多做什麼。可是我選擇的方法並非找一個新的事情開始做，而是為我已經在做的事設立新目標。

為現在正在做的事設立一個具體的挑戰任務，就不必做太多讓你覺得有壓力的改變，也可以讓日常生活發生變化。我舉幾個例子，如果你每天運動，就可以把目標設為拍身材形象照，或達到特定的體重，或增加幾公斤的肌肉量。

另外，如果寫作是你的興趣，便可以把目標設為出書，或學習該怎麼寫歌詞，然後創作。又或者你的興趣是剪片，那麼就可以製作影片參加徵件比賽，也可以經營YouTube頻道。還有如果你現在正在進修某個領域，那麼也可以給自己一個目標，考取和該領域相關的各種證照。

即使只是像這樣一點一點拓展自己的極限，也可以當作一個好目標。想為人生帶來改變，不一定要投資大錢或做出什麼驚天動地的事。無論什麼事都可以不單純只當作興趣，可以試著立下超越目前實力的目標。既然為了運動都到了健身房，就不要只走三十分鐘就回家，可以多做重訓，鍛鍊肌肉。既然要念書，就不要只單純讀書，可以挑戰考個學位，提升自己工作履歷的水平。當設立的目標越高，就越能感受到執行時的變化。

•

看到這裡，大家可能會想「一開始我就沒什麼事能做，到底要設立什麼目標呢？」這時候重新設立日常生活的目標就可以了。

沒有人在生活中什麼都不做，只是沒有認知到自己在做什麼而已。先試著回想自己的日常生活，再忙還是會吃飯，對吧？上班總得要移動吧？總會洗澡吧？

如果要重新設立吃飯時的目標，或許可以這麼做。像是一週的健康飲食，和飯前一定要喝一杯水。或是如果要重新設立移動時的目標，可以想著搭地鐵時一定要走樓梯，以搭乘大眾運輸系統取代開車。洗澡時則可以把護髮、洗完澡馬上搽乳液等作為目標。

像這樣在同樣的事情上重新設立目標，日常生活就會開始改變。因為每天讓自己有變化，就會更期待隔天的到來。這就是我展開全新的一天的方法，也是我擺脫枯燥日常的祕訣。希望大家一定要試試看，這樣生活中就不存在枯燥。

人生就是專案

我喜歡達成一項目標之後，馬上設立另一個目標。此時設立好目標的方法就是把人生當作專案。

每年我都會企劃專案。就像演員每次拍新電影時，會完全沉浸在自己飾演的角色裡；歌手每次發行新專輯時，也會根據專輯的概念改變自己的風格。我也會每年計畫一個自己專屬的大型專案，然後將自己更新成適合執行那項專案的人。

讓我舉更具體的例子，下列是我近五年間完成的專案。

二〇一六年：當上律師

二〇一七年：挑戰成為音樂劇演員

二〇一八年：找一份穩定的工作

二〇一九年：成為影像創作者和YouTuber

二〇二〇年：出書

二〇二一年：開發APP

像這樣，我每年都會訂下一個主要的專案，並在一年內以自己的方式達成目標。其他人看了或許會覺得「幹麼活得這麼累呢？」但我一點也不覺得累，因為沒有人強迫我做企劃專案。我只是靜靜地在自己的專屬時間裡，一一審視我能做的事，並對那些事建立清楚的目標之後，果敢地挑戰。因為是我建立的專案，所以我自己找方法，享受所有過程。

驚人的是這些專案我從未失敗。因為我認為挑戰就等於成功，所以無論最後的結果如何，都無關成敗，不可能失敗。雖然事情也曾經不如我預期般發展，而我也曾經未堅持到最後，但這樣的結果反而又成了另一個目標的起點。

如果你也想改變什麼，卻摸不著頭腦該怎麼辦，那就回過頭來審視自己，然後試著規劃成功的人生所需要的短期專案。在這項專案中你無須完美，你也不需要成為專家，只要能創造出別人意料之外的成果，這樣就夠了。

企劃自己的專案時，不需要因為有正職而覺得有壓力。反而這個專案和公司的工作不同，你不需要強迫自己做到好，只要享受執行的過程，就能獲得更好的成果。只是讓我分享一個祕訣，就是我不建議到處宣揚自己的計畫，因為可能會引來別人多餘的干涉。

剛剛前面我曾短暫提到，二〇二一年我的專案是開發ＡＰＰ，這項專案的契機純屬偶然。我上了幾堂關於ＡＰＰ開發的課，也一邊看書一邊跟著練習，自然也漸漸對ＩＴ領域的興趣越來越濃厚。所以我上了各種ＩＴ相關課程，也熟悉了國內關於個資的法規。

於是我在自學的過程中突然想到一個好點子，認為應該可以實現，便在專家們的協助下，開始新的挑戰，也成了我二〇二一年的人生專案。

每年我都會企劃自己的專屬專案。這項專案不需要多了不起，你要做的只是輕鬆地朝你想成為的人邁進，和靠近一直以來的夢想。當你開始執行，會發現一點也不難。因為這些專案是為自己量身打造，沒有任何評分項目。

讓自己煥然一新的想像力

如果我們一直處在恐懼的狀況，就會想像比現實中發生的事更可怕的劇本。因為事與願違時，也不會那麼心疼。

如果你的目的是不希望自己受傷，那樣想的確是一種幫助，但如果你的重點是為了往目標持續前進，那麼習慣想像每一刻都是最幸福的瞬間對你更有幫助，例如想像你的成果超出預期的好。

當我在挑戰某件事時，都會想像比現實中好更多的結果，就像做夢一樣，在腦海中刻畫幸福的瞬間。這裡提供一個技巧給大家，正面的想像盡可能越具體越好。

例如我在接受游泳選手訓練的時候，就曾想像過自己的手臂和大腿產生肌肉和力氣，也想像過我和水融為一體，浪濤推著我前進，讓我越游越快。還想像比賽中人們為我歡呼加油的場景，以及我像奧運選手一樣舉著太極旗，驕傲地站上頒獎台第一名的位置。

當然現實並非如此。每天凌晨早起接受辛苦的訓練，感到痛苦的我，還有因為語言不通，被隊員輕視的我，樣子都很狼狽，但是我之所以能戰勝那所有試煉，都是因為在我的想像裡，我是那麼厲害的人。

我之所以為了當上律師，念書念到做後一刻的原因也一樣。不管再怎麼辛苦，多虧好的想像我才能感受到離夢想不遠。我想像著我並未放棄，好好念書通過律師資格考試，和爸媽一起笑、一起開心；我想像我穿著體面的正裝去法院上班，為無辜的人辯護；我想像在哪裡一定有極度需要我的委託人存在。想像是讓我撐下去，讓我必須念書的理由。

我開始經營YouTube頻道的時候也是如此，雖然我並非一開始就帶著要當YouTuber的決心學習影音剪輯，但是持續做了幾年影片，直到我可以上傳影片，靠的也是具體的想像。我想像的內容並非單純地「希望訂閱人數可以超過一萬人，讓我可以賺錢」，而是想像有很多人看了我的影片之後能被感動，想像自己成為在實現夢想的道路上，花了一點時間的朋友值得信任的導師。當我寫第一本書時，我的目標也非單純地成為暢銷作家，而是想像讀者讀了我寫的書，能因為凌晨早起獲得全新的體驗，了解到自己是多麼特別的人。即使再怎麼不可能的事，在我的想像裡一切都有可能。

今天一大清晨按掉鬧鐘的那一刻，我也具體地想像今天的一天會如何。想像著起床梳洗後運動，下班後和朋友吃頓美味的晚餐，如果想實現這些想像，現在就得馬上起床。

只有自己能定義自己的極限。如果你覺得自己只有這點能力，那就真的只有那點能力，如果想著自己的能力只能到此為止，那你的潛力也會到此為止。而正面的想像越具體，你的極限值就會越高。

想像自己實現夢想，想像在達成目標的必經之路上一切順利，會為自己帶來自信。如果有件事你覺得不可能實現，就想像自己執行那件事的過程和結果，那麼你會感受到現實中一切都有可能完成。

輕易達成目標的具體方法

輕易達成目標的方法其實沒什麼，只要專注，然後做就對了。如果設立了目標還是不知道具體該怎麼執行，那麼我提供幾個技巧。

首先，我推薦將抵達目的地的過程分成幾個階段。我會將大目標的所有細部過程設定為小目標，每當達成那些小目標，我就會給自己時間自我慶祝。例如我的大目標是凌晨游泳，那我就會把起床後到進入游泳池這段時間經歷的所有過程「起床、早餐、準備泳衣、前往游泳池、換上泳裝、下水」設為我的小目標。

如果成為YouTuber是我的目標，那麼到上傳第一支影片為止的所有過程「加入YouTube、幫頻道想名字、制定影片企劃案、拍攝影片、剪片、定標題、製作影片縮圖、上傳影片」等都設為小目標。像這樣分成好幾個階段，每當抵達下個階段時，就會知道自己達標，那麼所有過程都會很愉快。

比起一次把所有事做完，試著一天完成一個階段也不錯。即使是很小的目標，一次做到位，不知不覺還是會有壓力。因此可以今天加入YouTube，明天幫頻道命名，再隔天制定影片企劃案等等，把過程分成一個個小階段慢慢實踐，這樣就會覺得目標變得更簡單，而其中的附加價值就是養成達標時所需要的習慣。

這裡達成小目標時的自我慶祝也很重要。小目標可能看似無聊，所以一直到完成最終目標為止，很多人都會小看自己完成的成果，也不會為自己慶祝。在達到想要的結果前，總是會想著「還差得遠呢」「才做幾個月而已……」等，嚴厲地鞭策自己。

即使不這麼做，每天身邊的人也會跟我們說「要加油」「要更努力」的話。如果連自己都要逼自己，只會更容易感到疲倦。因此必須有個角色讓我們相信現在的我已經做得夠好了，激勵我們繼續往目標前進。而最適合這個角色的人不是別人，正是自己。如果現在你的狀態變得既疲憊又無力，那就回頭看看這段時間你是不是對自己太嚴格了呢？

像這樣細分過程，獎勵自己，最後就會開竅，得到自己專屬的達標技巧。掌握自己能做什麼，怎麼做才順利，應該用什麼方式切入問題。

這個方法尤其對想轉職挑戰新領域的人，或打算開始嘗試不熟悉事物的人有用。比起一開始就打算完成A到Z，將事情分成A、B、C階段，並且按照階段漸漸提高投資的時間比重，那麼就能兼顧現在正在做的事和新的事，並且達成目標。

不如就假設你要搬家，把東西從現在住的地方搬到新家總是需要很多過程。雖然會有急著搬家的時候，但假設你有一定的準備時間，就會先整理過目前的東西，然後再一點一點地把整理過的東西搬到新家，這樣搬家才會順利。我們的夢想也一樣。每天達成一點目標，就能夠享受看到正在改變的自己。

CHAPTER 15

持之以恆的四個祕訣

記住，只有你才是有責任為自己補充能量的存在。停止責備、抱怨和找藉口，無論發生什麼事，都要往自己的目標持續前進。——傑克・坎菲爾（Jack Canfield）

持之以恆的第一個祕訣：反覆

當我心裡有壓力或工作越忙碌的時候，都會在特定的時間做特定的事，並開始我的一天。因為反覆做同一件事可以幫我找回平靜，所以如果沒有特別計畫什麼活動，我的一天不會有太大的變動。

每天在同一個時間起床準備上班，搭同樣的公車去公司，在同一個時間吃午餐，在差不多的時間下班。回到家後，我也會反覆做著和昨天晚上的安排相同的事。如果只是聽我這樣說，可能會覺得很無聊，但這是我做事之所以能持之以恆的第一個祕訣。

無論是凌晨起床、做自己喜歡做的事、自我進修，如果希望自己一旦開始就持續做下去，那就不斷反覆地做，直到那件事成為日常生活的一部分，而不只是習慣。如果每天必須做某件事，就會變成理所當然，而不是特地去做。

過去幾十年來我一直堅持凌晨起床和運動，現在已經成為我生活的一部分，如果哪一天我沒有這麼做，就會渾身不舒服。而且過去這三年來，我都一直堅持剪輯影片，如果哪一天沒剪，就會有一股空虛感。還有過去四、五個月來，我一直在學拳擊和跳舞。我可以很有自信地說，我從未缺課，對自己相當嚴格。

我會這麼做有個契機。因為我準備考試的時間很長，和聰明的人一起上課，讓我深刻認知到一件事。就是聰明的人追不上勤奮的人，勤奮的人追不上持之以恆的人（雖然大家可能認為勤勞就會持之以恆，但是這兩者的性格明顯不同）。

持之以恆的人走的是一條和勤奮的人、聰明的人不一樣的路。想一次的事會想兩、三次再嘗試，過程中會經歷更多失敗與挫折。光憑這點已經很有利，而持之以恆的人會在這段過程中不斷反覆執行。這裡的重點是「反覆」，即使不完美，即使做得隨便也絕不停止，不斷嘗試。

持之以恆和做到完美不一樣。持之以恆地做某件事是即使失誤多、看不到明顯的改變、很無聊還是一次又一次地做。也就是說，比起做到位，持之以恆的人會先把重點擺在將事情例行公式化。像這樣不嫌累且不斷反覆的人嘗試的次數多，自然而然接觸的資訊也多，也能抓住更多元的機會，所以最後的成果也會與眾不同。

當我領悟到這點後，就把反覆當作武器。我認為自己的腦袋和才能都沒有別人來得出色，因此對我來說這就是最好的盾牌。

持之以恆的第二個祕訣：休息

睡不著又什麼都不想做的日子大概一年一定會出現一、兩次。雖然不知道是無力感還是進入低潮，但是在這種日子裡總是什麼都不想做、誰也不想見，而且反常地連早上起床也覺得累。雖然鬧鐘響後，想撐著沉重的身體起床，我卻覺得早上的空氣不如平常清爽，讓我感到非常無力。

這時候我就會放棄凌晨早起，躺回床上睡到要上班前。沒有什麼特別的原因，就只是需要休息而已。偶爾沒來由地感到疲倦時，我不會覺得有什麼特別的問題，而是順著當下的感覺休息，這樣就能很快恢復活力。

為什麼我們會認為只有努力向前衝，才算做得好呢？只要暫停下來休息或狀態不好，就好像以為自己出了什麼問題，對自己感到失望，輕易地將放棄兩個字掛在嘴上。然後不斷催促自己，要趕快回到正軌。

如果我們聽成功人士的分享，他們都會說自己不休息，努力不懈，不斷挑戰，遇到挫折就重新站起來，成功克服困難。是因為這番話嗎？所以在必須努力的壓迫下，當我們休息，就會一直感到愧疚。

如果你一直認為自己沒關係，長時間以來都不願意休息，那麼便無法成長。偶爾享受休息的時間，才不會遇到足以將自己沖垮的大浪。如果現在的你既憂鬱又充滿無力感，什麼都不想做，那就這樣想，這不是因為你無能，而是你太努力，導致過去無法化解的疲勞一湧而上。然後告訴自己：

「別擔心，休息一下再走吧。」

當你決定休息，就不要感到不安，應該好好休息，讓自己睡得比平常晚吧。如果不自覺地一早睜開眼睛，那就繼續躺在床上聽音樂，靜靜地躺著。如果你是上班族，那就勇敢地請特休也不錯。不需要找到讓自己如此疲倦的原因，可以什麼都不做，自己安慰自己就好。

• 不過比起在累的時候休息，更能有效讓自己持之以恆的方法就是在感到疲憊之前就先休息。習慣並非短時間能養成，無須設定一定得每天達成目標，而是應該三天成功，休息一天，然後接著再以五天為目標。把自己的觀點從「才做三天就放棄了……」改成「既然已經做了三天，那今天就休息一天，明天再開始吧」。

累的時候休息和累之前休息有明顯的差異。當所有能量消耗完畢，會需要很長的復原時間，因為在身心俱疲的狀態下很容易讓人失去自信，懷疑自己以後是否能做好，還是應該到這裡就放棄。

相反地，如果在感到疲憊之前就自主休息，那麼這時重點就會擺在充電，而不是恢復，也能讓自己產生未來應該可以繼續做下去的自信和把握。這是我做事能夠持之以恆的第二個祕訣。

那麼該怎麼做，才能為自己即時充電呢？首先你想想看自己最需要的是什麼。有的人需要的是睡眠，有的人需要的是音樂。也有人享受和朋友們在一起的時光，或是毫無計畫地來一趟遠行。

不管你屬於哪種人，我都建議可以安排和目標不一樣的休息方式。像我在重要的考試前，因為念書過分消耗專注力，就會透過自己的專屬時間為自己的能量充電。我會找心靈勵志書籍或能激勵我的句子來讀，以及上名人的課程，來撫平我的內心。有時候甚至不梳洗，只是整天躺在床上。另外，如果我因為工作累積許多壓力時，就會選擇游泳等讓身體動起來的事，努力不讓多餘的能量集中在腦袋裡。

持之以恆地做某件事，久而久之那件事就會變簡單，但是持之以恆這件事，並不會隨著時間流逝就變簡單。休息不是怠惰，低潮也並非意味著危機。只要有重新站起來的力量，即使稍微休息也完全沒關係。

持之以恆的第三個祕訣：開心地做

「有真律師你覺得運動開心嗎？」

「你確定這樣做對嗎？工作又不是興趣，開心地工作根本說不過去⋯⋯」

「你該不會只挑做起來開心的事吧？」

「有真，你覺得這件事很開心嗎？我很討厭吔。」

這些是身邊的人拋給我的問題，因為我喜歡開心地做每一件事。因為這是能持之以恆做任何事的動力。

如果仔細想想，任何人都有權選擇是否能開心做現在正在做的事，那我就會選擇開心做事，所以無論工作、運動、興趣、想做的事，包括討厭做的事，我最先想到的都是該如何開心地做。如果不開心，那麼即使再努力，失敗的機率也很高，因為比起想把事情做好，想放棄的欲望會變得更強烈。

為什麼開心做某件事會這麼難呢？雖然每個人做事的方法都不同，但是自己做得開心，並不等於那件事本身就是開心的事。怎麼可能每件事都很有趣呢？每天都在做的事偶爾也會有想全部擺爛的衝動，以前喜歡的事也會有不再感興趣的時候。這時候把自己喜歡的行為和做起來不開心的事一起做，將會有很大的幫助。

例如在辛苦的職場生活中，為了找到樂趣，我和同事之間會有這樣的對話。

「下禮拜發薪水！」

「那我們下下禮拜一起去吃頓好吃的午餐。」

「四月還有什麼事來著？全公司公休！」

「再下一週是金律師的生日吔！我們那天要做什麼嗎？」

「五月好像沒什麼特別的事，我們自己約個會吧！」

像這樣我們每週都會製造一些小確幸和值得期待的事。經常買零食和同事分享，在一對一開會時，用喝下午茶的心情，在平和的氣氛中開會。

即使獨處時，也可以用愉快的想法填滿一整天。可以參加偶然發現的活動，也可以邊運動邊比較看看自己是否哪裡變得不一樣，也會找可愛的動物影片來看。

．

除了讓一整天變開心之外，另一個祕訣就是經常表達自己感受到的快樂，並且和其他人分享。

「今天凌晨我運動了一小時，覺得全身舒暢，明天我還要繼續。代理，你要不要也試試看呢？」

「我昨天畫了一張圖，意外地畫得滿漂亮的，很紓壓也很有趣。組長，你要不要也試試看呢？」

「你還記得之前我們偶然經過發現的餐廳嗎？明天我和朋友約好要去吃！吃完我再告訴你怎麼樣。」

如果對方不想知道，其實也不必硬要和他們分享這些訊息。但是分享正面的訊息，不但可以感染身邊的人，自己也會很開心。雖然這樣說有些不可思議，但是日常生活中感受到的這些快樂，也能成為持之以恆的燃料。

無論昨天過得如何，早上還是會每天來報到，展開新的一天。既然如此那就開心地度過每一天吧。曾經失敗的事也給自己一些時間再次挑戰，即使同一條路，這次可以踩著格外輕快的步伐前進。想笑就笑，不必太顧及自尊。主動靠近難相處的人，先和他們說話吧。不要因為怕吃虧就緊張，今天就稍微放鬆一點，偶爾用輕鬆的態度面對生活，也能讓人持之以恆地面對自己要做的事。

持之以恆的第四個祕訣：將目標和處境分離

如果你因為太累而想放棄挑戰，那就仔細想想，難是難在你的夢想，還是你現在的處境，我想大部分的人應該都屬於後者。

以讀書當作例子。很多考生覺得累通常不是因為讀書這件事，而是和其他同學比較時，覺得自己落後，以及想玩卻不能玩，未來感覺一片茫然，所以才覺得苦。換句話說，我們想放棄的原因實際上大部分與我們的目標無關。

運動也一樣，我也曾經如此。運動本身並不麻煩，但是從準備東西到去健身房的路上實在讓人覺得遙不可及，尤其當天候不佳時，更想讓人直接躺在溫暖的床上休息個夠。因為我沒有意識到這點，所以才會覺得運動很累。

但是當我知道為什麼會感到為難，我便換了別的策略。就是選擇在公司附近運動，讓健身房成為回家的必經之路，多虧如此，這幾年我也才能帶著愉快的心情持續運動。

如果你現在有想放棄的事，先仔細想想為什麼想放棄，也觀察壓力的原因是什麼，然後把那些原因一個個整理出來。如果問題出在人際關係，那就和對方保持距離或直接斷絕往來。如果問題出在金錢上，那就想想是否有開源節流，減省支出或找打工的方法。如果問題出在你總是情不自禁和身邊的人比較，那就透過自己的專屬時間穩住心思。

CHAPTER 16

人際關係教給我的事

不要被無法讓你做自己的關係束縛，讓自己的身邊充滿能帶你走向高處的人。

——歐普拉．溫芙蕾（Oprah Winfrey）

應該和什麼樣的人交流呢？

「大家好，我叫做金有真……我是埃默里大學法學院（Emory University School of Law）二年級的學生，嗯……今天天氣真好……很高興認識大家。」

這是學生時期遇到陌生人時我的語氣。當時很多人都說人脈很重要，所以即使我很害羞，有空時我還是會去參加社交場合，因為我想知道已經抵達我想去的目的地的人在做什麼，所以我會常常寄信詢問他們是否能接受我的訪問。如果運氣好還能一起吃個午餐、聊聊天或得到幫助。當然我寄出的信也很常被當成垃圾信件。

生活中能帶給我直接影響的人只是少數，但是有很多人我必須親自見面。大家可能會覺得我前面都在說要有自己的專屬時間，現在卻說要和很多人見面，這是什麼意思呢？我所說的自己的專屬時間不是要大家切斷所有的人際關係，而是活用只有自己一個人的時間，帶給自己有益的經驗。

我想大家應該會好奇，和別人交流會帶給我們什麼幫助；也可能會想，又不是說認識某個人，他們就會給我們工作，也不會給我們好成績，為什麼還要浪費時間認識別人。比起認識別人，可以花時間在自我進修上當然沒錯。

話雖如此，認識新的人在我們的生活中還是很重要。他們可能會告訴我在想走的路上會遇到什麼事，也可能會為我指引一條我從未想過的路。在我想去的公司工作的人、擁有我夢寐以求的職業的人、擁有我從未嘗試過的經驗的人，認識他們是我生命中最有用的資產。

・在第一本書裡我也曾短暫提過，我喜歡聯絡已經站在我夢想終點的人，或平常我就想認識的人。雖然有點害羞，但是他們大部分都不認識我，所以如果想和他們交流，我不得不先主動聯絡。

我會在自己的專屬時間寫下我想聯絡的人的名單，上面寫著我希望能交流的人的名字、公司、電子信箱，以及特殊事項，例如和我同一所學校畢業，或有相同興趣等可以當作對話素材的事情。然後再根據對方的條件，寄出充滿誠意的信件。

這裡有個重要的技巧要分享給大家，就是當你先寄信給不認識的人時，絕對不能強求對方回信，還有也不要句句都是問題，這點我也是後來才明白（或許這是當時一直沒收到回信的原因）。先說清楚自己的身分、為什麼尊敬對方，以及你們之間有什麼連結，然後盡可能以不會讓對方感到壓迫的語氣說，希望有機會能和對方見上一面，便結束這封信。

像這樣寄完信之後，一整天都會覺得心裡很澎湃。其實比起對方可能會回信的期待感，反而自己嘗試了某件事而獲得的成就感更強烈。所以即使沒收到回信，也不用太在意，對方是否看過我寄的信也不重要了。因為光是寄信，也算是締結小小的緣分。

然而我真的曾經成功和對方見到面。當我還在念法學院的時候，我曾不帶任何期待，寄信給我尊敬的律師，被他邀請參加該區法律人的早餐聚會。此後即使忙著念書，無論再怎麼忙碌，我也會以固定成員的身分參加他們一週一次的聚會。這麼做不是單純為了管理人脈，而是想藉著認識在不同的地方和生活環境下成長的人，以及在各個專業領域嶄露頭角的人，發現不一樣的自己。

我認為認識新的人本身就是很有意義的事。雖然不一定會帶著特定目的累積人脈，但偶爾的確會如此。假設我曾經為了想和某位律師交流而參加聚會，因為他正在我想進的律師事務所工作。雖然我也會擔心帶著意圖認識某個人，看起來很有心機，但是完全不會。因為我也可以提供對方有用的資訊，所以如果是以互惠的開放姿態接近對方，那麼一定可以得到好結果。

生活中，我們身邊的人總是會帶來各種影響，而且在和他們交流的同時，也會發現不一樣的自己，學到書中學不到的人生課題。

擁有自己的專屬時間並非斷絕和所有人交流，而是不要被動地被人際關係束縛，要主動創造為自己帶來正面影響的關係。認識新的人就等於種下種子，雖然不是所有的種子都會發芽，但是其中也可能會有開花的種子。而且誰知道呢？或許有一天在意想不到的時刻，那朵花會送給我們好的果實。

尋找導師三萬里

當我在念法學院時，曾因為無聊的日常而感到疲倦。於是當我在找能讓自己的專屬時間有些變化的事時，便看到美國律師協會主辦的法律人社交活動公告。這是美國最大的法律人士社交活動，採研討會的形式，共進行四天三夜，可以在最高級的飯店和有名的法律人一起交流。

這是個能夠獲得好靈感的機會，但問題是參加這場活動所需的費用貴得讓人瞠目結舌。除了參加費以外，如果居住地和活動舉辦的地點不同州，便需要另購機票，再加上研討會期間的飯店住宿費，至少也要一千美金。

對每天都得埋頭苦讀的法學院學生來說，四天三夜真的太久了。期末考也剩沒多少時間，為了去其他州而缺席，本來就是學生不敢輕易妄想的事。然而我真的太想去研討會了，或許這是我想脫離學校的藉口，可是我很清楚自己真的需要這段時間。

於是我馬上開始思索參加研討會的方案。我又仔細讀過公告，發現法學院的學生可以免費參加，省下了我想都不敢想的鉅額支出。而且從機場到研討會有接駁車，還可以省下計程車費。現在我只需要準備機票和住宿費就行了。

為了省一天住宿費也好，我決定找當天凌晨出發的機票，果真價格便宜很多。因為估計整天都會參加研討會，所以住宿並不重要，只要能睡覺就好，於是我訂了Airbnb，因為只睡客廳，所以一晚只需支付二十美金。就這樣我只花一百五十元美金，便前往芝加哥。

那是我第一次去芝加哥。舉辦研討會的地點是五星級飯店，我一身輕鬆的帽T和牛仔褲，看起來就像學生一樣。因為怕引人側目，我便到洗手間換上看起來還有點律師樣的正裝，雖然還是掩飾不了我的學生氣，不過我還是抬頭挺胸地走進研討會。

活動開始的兩天一夜是聽實力頂尖的法官、檢察官、律師分享他們親自負責的案件，讓我得以間接體驗到他們的經歷。這一切都讓我覺得很神奇，畢竟不知道何時還能再和這些人見上面。雖然我只是學生，還未就業，但是想到以後可能沒機會再參加這種活動，我便一臉嚴肅，積極地和與會人士打招呼和交談。

對參加研討會的人來說，他們的目的是累積人脈，自然而然也會彼此交換名片。而因為我是學生，沒有名片，於是便事先將有我的名字、學校、聯絡方式和簡短履歷的學生名片帶去。沒想到因為這個準備，我還吸引到人們的注意。

「名片是誰的點子啊？好有創意。居然有學生專用名片！」

「你是埃默里大學的學生啊！你好啊。」

畢竟我還是學生，無法像其他的法律人一樣談論工作上的事，但是我很認真傾聽他們是如何走到現在的地位，對我來說這是一段能夠體驗我日後要走的路最好的時光。其中我最喜歡的一點，就是確認我是否走在對的方向。

在研討會上認識的所有人都很樂意成為我的導師，他們給了我很多建言，像是「我也曾和你一樣茫然，可是你一點也不用擔心」「我還是學生的時候，都沒想到要像你一樣積極參加研討會，你真的很棒！」「下週考試好好考，考完就好好享受最後一學期。等到考律師資格考試的時候再收心就好，不必現在就決定一切，反正等到當上律師，很多事還會再改變」「這是我的名片，以後需要幫忙可以聯絡我。同時精通英語和韓語的律師不多，希望你好好利用自己的優勢。」等。能夠和念相同專業的人交流，還有分享如何撐過艱難時刻的祕訣，光是這兩件事就帶給我充分的安慰和力量。

最後一天所有人都聚在派對上一起享樂，那場派對就跟電影或電視上看到的那種派對一樣氣派。所有人都穿著華麗的禮服，喝著昂貴的紅酒，無憂無慮地享受此刻愉快的時光。這時候我又想：「我什麼時候還能再參加這種派對啊？」於是明明不會喝紅酒，還是喝個盡興，吃到肚子都要撐破了，享受這場派對。

不知道是不是因為紅酒的關係，我漸漸放鬆，甚至忘記在場只有自己是學生，自然地和參加派對的人聊起各種話題，交起朋友。如果我只待在房間裡念書，絕對沒有機會享受這樣的時光。雖然下週的期末考讓我很緊張，但是我安撫自己，休息了三天，不會發生什麼嚴重的事。

不過我並未和那場研討會上認識的人保持聯絡，然而光是當時能認識那些法律界的前輩，已經帶給我很大的刺激。大家不需要想著認識成功人士，就一定要從對方身上打聽到有用的資訊。無須把焦點擺在他賺多少錢，爬到什麼地位，如果你願意傾聽他是什麼樣的人，擁有什麼樣的動機和熱情，如何克服失敗，以及需要什麼背景才能爬到現在的地位，和他的動力為何，那麼你將會獲得任何能受用一生的建議。

靠分享能學到的事

二〇一九年我去了趟泰國當短期傳教志工，本來我有別的計畫，打算在開始上班後的第一個夏日假期，我比誰都想去氣氛好又華麗的地方度假。「我還沒去過歐洲，這次放假一定要去！還可以用出差累積的里程數，省下一筆費用！」就這樣我帶著興奮的心情找了好幾天最適合度假的旅遊勝地，然後煩惱要去哪裡。

可是仔細想想，我需要的並不是什麼精采的旅遊。雖然我並不是討厭旅遊，但是當我要結帳時，才想到還有真正該做的事，就是療癒總是為職場生活感到畏縮和緊張的自己。最後為了找回自己的人生目標和意義，我決定去當傳教志工。

傳教志工和尋找人生目標可能毫無關聯，現在回想起來，我也不是很懂當初為什麼要做這個決定。但我想一方面我是基督徒，平常也總是為了不錯過任何事而雙手用力，緊抓著事情不放，我期待自己在幫助他人的同時，也能鬆開自己的拳頭。

在前往海外當志工前，我覺得自己就是為了幫助他們而去，可是實際上我在那裡的收穫也不少。在那裡誰從哪一間學校畢業、在哪間公司上班、年薪多少、開什麼車、背什麼包包，這些一點也不重要。哪怕只是很小的東西，大家都能感到快樂和感動。他們會因為微不足道的事情而大笑，洗滌我已經世俗化的內心，讓我得以找回本來我認為重要的價值。

一般人覺得當志工是做好事，可是幫助別人其實帶給自己的影響最大。因為助人的過程中，不但有時間能回頭檢視自己，也能創造出成熟的自我。同時看著志工夥伴，我也能得到正能量。

我花了很長一段時間才知道如何真心祝福他人、恭喜他人的成功，不，應該說我不知道該怎麼做。但是隨著我參加好幾次志工活動，了解他人的幸福和快樂會帶給我多大的影響之後，一切都變得不一樣了。

•

我第一次參加志工活動的年紀大約十七歲，我回韓國一邊準備檢定考試，一邊在養老院當志工。當時我上的教會執事向我提議，因為我比其他高中生的時間多，要不要幫助別人。

剛開始我因為對未來感到茫然，所以硬著頭皮開始做。聽說做好事就會有好事發生，於是我想如果當志工，應該就會有人肯定我吧。可是接下來的經驗讓我的價值觀有一百八十度的轉變。獨自孤單地住在養老院，患有阿茲海默症的老奶奶緊緊抓著我的手，問了我這個問題：

「你下週還會再來對吧？」

瞬間我的腦中浮現「老奶奶喜歡我什麼？為什麼要對我說這種話呢？」的想法。我也沒做什麼，可是她卻不願意放開我的手，志工老師那句「不要答應奶奶你還會再來」的話不斷在我腦海中盤旋，因為老師說老奶奶、老爺爺常為此受傷，因為那些說會再來的人並未遵守約定，但最終我還是心軟，答應老奶奶我一定會再來。

於是下週我遵守約定去養老院照顧老奶奶。原本老師說老奶奶患了阿茲海默症，可能不記得我，但老師錯了，老奶奶的確還記得我，不，應該是說我選擇相信她還記得我。看著她一語不發，燦爛地笑著握住我的雙手，我的心裡也暖和了起來。

幫助別人幫久了，心裡也充滿了幸福，讓我開始想：「原來我也可能成為別人重要的人」「原來我能做的事這麼多」。

•

當志工不只學到要有一顆善良的心，幫助別人的同時，我也認識到這個世界上還有比我所知道更嚴重的事情發生，也領悟到對我來說理所當然之事，對別人來說可能不是。

大學時我曾受訓好幾週，在家庭暴力防治中心（Domestic Violence Prevention Centre）當了近一年的志工。其實也沒有什麼特別的契機，我只是想要有一條值得寫在履歷上的經歷。我要做的事就是仔細看過檢察官寫的報告，並且向負責的調查官提出能保護家暴被害者的對應方案。我在親自訪問被害者或調查案件的事實關係後，以書面將我的意見上呈給檢察官和法官。

我在這裡訪問各種家暴被害者，親眼目睹他們的痛苦。那些被害者被家人暴力相向，臉和身體都有瘀青和嚴重的傷口，也有人因為反覆被施暴，報警過好幾次，甚至還有被害者被多次施暴，竟然認為這是理所當然的日常。

我在訪問被害者時，最常被問到的問題是：「你在中心做什麼事啊？」因為他們好奇我又不是警察，卻一直在問他們問題。

「我是密西根州立大學的學生，快要畢業了。我在這裡當志工，幫忙檢察官。我聽完你的故事，掌握情況後，會向檢察官報告。」

「你念密西根州立大學？好厲害喔！其實我根本連高中都沒畢業，你爸媽一定很以你為榮。」

這些被害者說完後都笑得很開心。即使全身瘀青，也不以為意地以新奇的眼光看著身為大學生的我，這讓我不知道該如何回應這種情況。

在他們生活的世界裡，對彼此暴力相向是理所當然之事，沒想到他們心裡卻覺得上大學很了不起，又很有意義。而我生活的世界裡，基本上所有人都會上大學，會被牽扯上暴力事件而被警察逮捕的情況少之又少。雖然我們都在同一片天空下，可是他們和我卻生活在迥然不同的世界。

剛開始我會覺得「原來我享受的事情很多」，但是隨著我和被害者相處的時間越來越長，我的想法改變成「不能再這樣放任這些事發生了」。我覺得傷心、難過、無奈，為什麼他們聽到身邊的人辱罵自己，對自己施暴還能當成理所當然呢？為什麼他們離不開拿著槍抵著自己頭部的人呢？這讓我對自己聽完他們的處境，能夠直接幫助他們產生一股強烈的責任感。

法學院三年級時，我繼續到位在亞特蘭大的其中一個法律扶助基金會（Atlanta Legal Aid）當志工。基金會會提供經濟狀況困難的人免費的法律諮詢，及提供法律支援，在那裡我也能先體驗未來當上律師之後的生活，無論從工作上和體驗上來看，這段時間對我來說都別具深意。

聽完個案們的情形，從中掌握問題，並直接提供解決方案，在這些過程中我得到三年來在法學院學不到的教訓。在法學院我學會如何解釋和應用法律，並且將其作為武器使用，但現實卻不同。傾聽個案們所承受的痛苦，告訴他們擁有什麼權利，以及提供他們各種選擇，光是這些就能改變很多事。

這些經驗讓日後的我很有自信。首先我認識了過去我所不知道的世界，領悟到親切也需要勇氣。當其他人都害怕幫助別人可能會害到自己時，我得到勇敢站出來的勇氣，向受人厭惡的人傳遞溫暖話語的勇氣，還有雖然他人的立場和情況我從未看過，卻願意理解的勇氣。這段經驗也提醒我律師生涯中，最需要被重視的價值是什麼，也只有透過和他人相處，才能獲得這個巨大的教誨。

CHAPTER 17

平凡的日子就是特別的日子

少點恐懼，多點希望；少吃點，多咀嚼；少發牢騷，多深呼吸；少怨恨，多去愛。這樣世界上所有的美好都將屬於你。——瑞典諺語

好好生活的意思

我上了一個以「很有規劃地過一天的人」為主題的電視節目，訪問時主持人問了一個讓我印象深刻的問題。

「如果你只剩下最後一天，會想做什麼事呢？」

「我想和家人整天待在一起。」

其實我沒有別的意思，只是覺得如果是最後一天，應該好好地和他們道別。

「那麼如果一定要說最後一句話再離開，你會說什麼呢？」

瞬間我陷入了沉思。雖然節目上看不出來，但是當時我大約靜默了幾秒。

「我沒有想說的話……倒是有件事想問爸媽。」

「哦，你想問什麼呢？」

「我想問他們『我有好好生活吧？』」

我當下並沒有覺得很感傷，不過據說當時這個答案讓很多人感動和難過。

我心裡想的「我有好好生活吧？」是什麼意思呢？考上律師？進大公司工作？YouTube頻道超過二十萬訂閱者？成為暢銷作家？

都不是。而是即使犯錯、失敗也不會停下腳步，即使辛苦、疲憊也不放棄，即使害怕也不遲疑，即使未來渺茫也仍毫不猶豫地勇往直前。還有克服孤單，從困難中找到喜悅，即使受傷也會自我修復，不會因為他人的批評和評價動搖；抬頭挺胸地做自己想做的事，以及努力做好每一件事，彷彿沒有機會重來；路不好走也不會脫軌，懂得找回自己的重心；開心時和身邊的人一起盡情地笑，看到難過的人會帶著同理心和他一起哭；了解和我不一樣的人，努力成為需要幫助的人心中的好人；最後就是把自己擺在第一順位，這些就是我認為的好好生活。

平凡的日常帶來的禮物

晚上七點五十五分，我一如往常下班回家，為了吃晚餐走進廚房。邊想著「距離下次發薪水的日子還有多久呢？」「明天該做的事情是什麼來著？」等雜七雜八的問題，邊準備晚餐。我想快點結束一天，快點躺在床上。這是我每天日復一日，沒什麼特別，也無大好大壞，平凡且枯燥的生活，不過至少在第一本書出版的前夕，我還是感到一絲絲興奮。

我忙碌地準備明天要吃的中餐便當，發現媽媽靜靜地坐在客廳，臉色凝重地看著什麼，總覺得氣氛有些不尋常。

「媽，你在看什麼？」

「……有真，醫院說媽媽是癌症。」

雖然我知道平常就腰痛的媽媽去了趟醫院，但我以為只是單純的肌肉痠痛，所以就沒有特別詢問。聽到媽媽的話，我頓時恢復了精神。雖然媽媽彷彿試著安撫驚嚇的我保持語氣平靜，但是當她將手機遞給我時，還是聽得出來聲音中的顫抖。

「今天去醫院看ＭＲＩ的檢查結果，醫生說可能是癌症，叫我趕快去大醫院。」

媽媽的手機裡有脊椎骨的ＭＲＩ照片和診斷書，因為脊椎處有一個奇怪的東西，所以看起來像是腫瘤。

「醫生推斷是癌症，但還沒確定對吧？」

媽媽一語不發。

我將媽媽的ＭＲＩ照片和診斷書拿給認識的人看，得到的回覆是，雖然只憑照片很難判定為確診，但是脊椎腫瘤大多是轉移性癌症，四期的機率最高。

本來計畫簡單吃個晚餐，早點睡覺的我，現在什麼也吃不下，甚至還熬夜搜尋和脊椎腫瘤相關的著名論文來看，也找了韓國知名治療脊椎腫瘤的醫師是誰。我仔細閱讀所有病友留下的心得，還找了醫院。幾個小時前我還過著平凡的日常，一小時後，我便開始過著每天難以預測會發生什麼事的日子。

早上八點一到，我便預約所有韓國首屈一指的醫院。幸好懷疑有惡性腫瘤的患者可以優先預約，但至少還是得抱著焦慮等上一週。而我連預約也等不了，隔天便前往家裡附近小間的脊椎診所，把手上MRI的CD交給影像醫學科。

「這是癌症，你怎麼會來這裡呢？」

看了CD之後，醫生一臉荒唐地反問我。

「這是我媽媽的脊椎MRI，我已經預約好大學附設醫院，可是我真的太心急了……所以想過來問問醫生，有沒有可能不是癌症。」

「……這個一看就是癌症沒錯。脊椎腫瘤有百分之九十九的機率是轉移性腫瘤。你怎麼會來這裡呢？快點去大醫院吧。」

聽完醫生冷靜的回覆，我頓時雙腿無力，癱坐在原地。

隔天，還有隔天的隔天，我們全家人都無法正常過日子。連我不斷強調有多好的凌晨早起我也做不到，連睡個十分鐘也無法。本來無憂無慮地上班、吃午餐、下班這樣理所當然的日子不再，連去運動的力氣也沒有。還有我那麼喜歡的YouTube影片拍攝、剪輯，我再也做不下去。曾經熟悉的所有生活一瞬間崩潰，因為媽媽生病的事讓我什麼也做不了，心裡充滿恐懼。

到了預約大醫院的那天，媽媽在醫院接受各種檢查後，我們便等待結果。就這樣不知不覺什麼都做不了的日子也過了一個月。這段時間我們一家人在現實與地獄間穿梭，雖然我們都知道最辛苦的人是媽媽，但我還是很難接受這一切。我的生活完全變調，睡也睡不好，吃也吃不下，工作也做不了。

•

在那段煎熬的時間裡，我了解到什麼是平凡的幸福。

和昨天一樣睜開眼睛，心不甘情不願地說著想再多睡一下的早晨；帶著悠哉的心情看書，然後上班和同事一起吃早餐的時光；甚至是讓人感到厭倦的上班生活，這些都讓我懷念不已。大家一邊開會一邊交換彼此的想法，當意見不合時，加入激烈討論的那些時間也不再了。還有煩惱中午要吃什麼，天氣好就去散步的日子，下班回家和家人一起吃晚餐，分享一整天做的事，到現在我才知道這些日復一日、千篇一律的瞬間都是一種祝福。

我以為我的日子永遠不會變。我以為只要能呼吸，就是活著，就能生活，但我不懂其實這件事本身有多困難。其實每一瞬間都是機會。我能專注在自己身上是一種機會，認識各式各樣的人，和他們一起工作是一種機會，照顧好自己的健康是一種機會，和家人一起快樂過一天是一種機會，隨心所欲地過每一天是一種機會。

幸好經過精密檢查後，媽媽脊椎上的腫瘤並非惡性腫瘤。但醫生說為了保險起見，必須每六個月定期追蹤檢查。那句話對我們一家人來說，無疑就等於要我們健健康康活下去的意思，而且必須時時刻刻謹記在心，現在我們享受的每一瞬間有多麼無價且珍貴。

•

如果現在你不再擁有極度平凡，總是想抱怨的日常生活，你會想過什麼樣的日子呢？我們總是在發生出乎意料的事情之後，才開始回想那安安靜靜的日子，並後悔地想著「那時候真好」。

只要看新冠肺炎疫情這段時間，我們失去什麼機會就知道了。不用戴口罩就可以上課念書、上健身房、開心出門玩耍的日子；不用留下聯絡方式，也能自由進出各個地方，不用保持社交距離，也能和其他人見面的日子，這些原本都是我們能看到其他世界的機會，但是當我們領悟那些瞬間都是機會時，那些瞬間已經離我們很遠了。

我們不要花費力氣在得不到的東西、做不到的事情上，也不要為此感到遺憾，而錯過此刻手上握有的機會；那些能夠快樂過每一天的機會、能夠助人成為好人的機會、可以和心愛的人一起共度時光的機會、可以學習新事物的機會……現在的我們有層出不窮且充滿價值的禮物。

我希望大家別忘記，每天能過上一模一樣且極度平凡到毫無記憶點的日常，甚至那一切枯燥乏味且讓人感受不到任何意義的日子，對我們來說都是最特別的日子。因為能夠繼續過著最平凡的日子，所以我們才能一直擁有機會。

如何找出隱藏在平凡之中的機會

大家都說平凡的日常很無聊，如果不去旅行，如果沒有特別的活動，就會誤會自己過著無趣的生活。於是為了能夠稍微開心度過這枯燥乏味的生活，我們的眼睛開始離不開手機，把求關注和從競爭中脫穎而出當作人生目標。

但是我希望你不要因為對現在的日常感到不滿，就絞盡腦汁逼自己一定得過上特別的日子。取而代之的是，在你力所能及之下，試著努力過好最平凡的日子。這樣你就會意外地發現，想要安靜地、滿足地過上平靜的一天有多困難。

我的一天如下。首先鬧鐘會在凌晨四點三十分響起，這時我會煩惱「要再多睡一點嗎？還是現在就起床展開我的一天？」其實也沒有一定要現在起床的理由，但是我會撐起沉重的身體，整理我的腦袋，暫時閉上眼睛祈禱。祈禱的內容大部分都是感謝。感謝今天我又能開始新的一天，感謝能夠和重要的人一起工作，感謝能讓我健康地度過一天。

刷完牙、洗完臉後，我會準備一杯熱茶，坐在書桌前聽著鳥鳴，享受自己的專屬時間。這段時間我只在乎自己，即使不特別做什麼也無妨。偶爾我會安慰自己或整理自己的想法，偶爾我也會邊聽音樂邊畫圖，或只是靜靜休息。

這段時間是我最能復元的時間，同時也是讓我最能進步的時間。這段時間我也會挑戰自己想做的事和能做的事。就這樣我全心全意把焦點擺在自己身上，然後心滿意足地展開我的一天。雖然今天和昨天大同小異，我卻得到了今天似乎也能愉快度過一天的正能量。

大約早上六點二十分，我就會搭公車去上班。在通勤時間裡，我會閉上眼睛聽自己喜歡的音樂或有聲書。

抵達公司後，我會和同事一起吃早餐。沒有人強迫我，我就會自主地和喜歡的人一起用餐，聊著與工作無關的話題，例如分享自家人的事、未來的計畫、健康、有趣的事件等，這也是我一整天例行事務中最喜歡的一段時間。身邊有這麼好的人真的是一大祝福。而且早餐餐廳的老闆連我喜歡喝湯，可是不怎麼吃湯料的習慣都記得。所以他總是會大喊「這是你的！」然後遞上沒有料的泡菜湯和雞蛋飯，每次拿到我都莫名地感覺自己是特別的存在。

每天開工前，早上我都會在公司的咖啡廳買咖啡。與其說我喜歡咖啡，不如說我喜歡辦公室裡瀰漫著咖啡的香味，所以才會來買。偶爾太早去，還可以看到咖啡廳員工準備麵包的樣子。有時候因為看起來太美味，所以即使已經吃飽了，還是會連可芙（Croiffle）都一起點。

「不知道是不是因為現做，真的很好吃！」

我對咖啡廳員工這樣說，也多虧這樣小聊一下，讓我更能開心地開啟一天。

大概早上七點五十分左右，我會坐在座位上檢視今天要做的工作，然後寫行事曆。

我的行事曆是自己設計的，每次看著都讓我覺得很滿意。有時候寫著待辦清單，會覺得今天要做的事太多，感覺有點壓力。但如果遇到有難度的案件，我就會和一起工作的同事討論，如果對案件有不理解的地方，就會要求當事人說明，把糾結的部分一個個解開。只要正面對決，什麼都做得到。

由於早上的工作總是忙得讓人暈頭轉向，轉眼間就來到中午。既然早上和同事一起吃早餐，中午我就會自己去運動，簡單吃個午餐。公司的午休時間是兩小時，如果只吃午餐，時間的確很長，但對我來說太短。通常我會運動一小時左右，一天專心做有氧運動，另一天則做以肌力訓練為主的運動。然後剩下的時間吃中餐。雖然偶爾會有人問我，凌晨早起，中午還運動，這麼累下午怎麼工作，但是反而我的體力變好，下午還是精力旺盛地工作。

等到要繼續工作的時間，我會認真專注在工作上。如果感到壓力大，我就會去超商買我喜歡的零食。因為我每天都在同一個時間去，超商的老闆都會開心迎接我，甚至還會告訴我：「小姐，今天你喜歡的巧克力買一送一喔。」

通常我每天只去同一間餐廳、咖啡廳、超商，因為和老闆、員工們打招呼和彼此問候，都會讓我覺得心情很好。我也會一邊和同事分享在超商買的零食，一邊享受片刻的休息時間。

下班後我會搭乘大眾交通工具回家，這樣有個優點，就是搭車的同時還能做各種事情。因為我上下班的時間一共超過兩小時，所以這段時間我會做喜歡的事。偶爾我也會放空坐著，看著附近的人，也會構思影片內容的點子，寫在手機的備忘錄裡，也會修改書稿，聽各種線上課程，時不時自我進修。

回到家吃完晚餐，我會和家人東聊西聊。全家人一邊吃著冰淇淋，一邊看電視或看有趣的影片。我認為和家人在一起的時間很重要，或許是因為從小長時間和家人分開生活，所以我特別重視親情，覺得和家人在一起的時光，是全世界最幸福的時光。

晚上的日常習慣也很重要。睡前為了結束漫長的一天，我會搽很多保濕乳液，檢查今天要做的事是否都做完了。我也會先準備明天要帶去公司的便當，如果很累，就會直接躺進溫暖的被窩，結束一天。下班回到家後，因為夜幕低垂，也沒什麼能做的事，但能夠平安度過這平凡的一天，讓我心中充滿感激。

這樣看起來，或許大家會以為我在公司都沒遇到任何問題，也沒什麼煩惱，但事實上並非如此。我在公司常被指責，也經常覺得心理壓力很大。當然也會遇到人際關係的問題，會因為無法被某個人肯定而傷心難過。而且我也經常擔心自己是否把工作做好，會不會看起來像笨蛋一樣，是不是會給其他人帶來麻煩。

但這種時候我會試著調整心態。我會做自己力所能及的事和平常喜歡做的事，將注意力放在自己身上，給自己一段特別的時光。當我們每天過著千篇一律的日子，就會忘記自己有多特別。這時候只要誠實面對自己的情緒，學習新的事物，傾聽自己的聲音，就會發現隱藏的機會。

成為特別的人不是要成為最棒的人，不需要用華麗、昂貴的衣服和妝容包裝自己，也不是必須在某個領域與眾不同、做得比任何人好。只要能維持自己現在的樣子就夠了。我們只需要一邊喝著熱茶，一邊回頭檢視自己，暫時脫離喧囂的世界，一邊聽著喜歡的音樂一邊休息，和喜歡的人一起開心地享受一餐，這樣我們就是特別的存在。因為我們懂得把時間留給自己，而不是別人。

這本書讀到這裡，你該回答的21個問題

1 現在你的目標是什麼？如果沒有，就制定一個新的目標吧。

2 你覺得什麼要素會讓你覺得這輩子很特別？

3 什麼是你覺得能在日常生活中設立的新目標？

4 去年年末或今年年初你設立了什麼目標？

5 你明年的目標是什麼？制定自己的人生計畫吧。即使沒那麼偉大也沒關係，將自己曾經想暫時挑戰看看的事情當作計畫。

6 如果想達成現在制定的計畫，應該要經歷哪些過程？試著將計畫以幾個月為單位細分整理，推薦可以用畫圖的方式，讓自己一眼就能掌握。

7 你認為的持之以恆是什麼？

8 你無法持之以恆做某件事的原因是什麼？如果想持之以恆該怎麼做？

9 一天當中最讓你感到開心的事是什麼？

10 你現在有想放棄的目標嗎？你想放棄的理由是因為目標，還是因為你現在的狀況呢？

11 你有這輩子一定要見上一面的人嗎？試著把他們列成清單吧。

12 和他們見面，你會想跟他們說什麼？

13 你可以和他們分享什麼事？

14 你有自己的導師嗎？他這一路是怎麼走過來的？你希望自己能像他的哪一點？

15 你見過你的導師嗎？如果沒有，你會怎麼聯絡他？

16 你有徒弟嗎？你都教他什麼樣的事？

17 平常你都以什麼方式幫助其他人？

18 你身邊有需要你幫助的人嗎？如果想幫助他，該怎麼做？即使不是物質上的資助也沒關係，試著想想看具體你會怎麼做？

19 仔細回想你一天的日常習慣。

20 如果從明天起你將過著與現在不同的日常生活，那麼你打算怎麼過你熟悉的最後一天？

21 每天你都能獲得的機會是什麼？為了抓住那個機會，你又該做什麼？

結語

愛惜自己的時間

偶爾會遇上這種日子，明明一切都好好的，沒有任何問題，可是寂寞和空虛卻突然湧上心頭，讓人感到憂鬱。雖然想依靠某個人，但是身邊卻沒人。覺得突如其來的空虛感沒什麼，就這樣過了，可是不久後這種感覺又浮上來，把自己困在黑暗之中。努力地向前跑，跑累了卻不知不覺下意識地嘆了口氣。覺得理所當然該背在肩上的擔子太重，想暫時放下。突然好奇自己活著卻總是在妥協，這到底是為什麼，又是為了什麼。遇到這些日子我都會給自己專屬的時間。

大家可能會覺得這麼做能改變什麼嗎？或許那段時間還能拿來做更重要的事。不過我希望大家至少給自己一次時間，不要催促自己改變，不要強迫自己事事做到完美，給自己喘息的時間。因為這段時間只有自己能給自己，任何人都很難把這段時間給你。

如果始終汲汲營營，你很難發現自己有多辛苦、多痛苦。偶爾你是否會聽到「你怎麼瘦這麼多？」「你最近看起來很累吔」這些話呢？如果你不仔細照鏡子，就只能透過別人的眼睛知道自己現在的狀況。經常都是等到情況變嚴重，你才會觀察自己。因此請在這種事發生前，試著給自己專屬的時間吧。只有你才能保護自己。

在我決定提筆寫這本書前，煩惱了很久。因為看起來信心滿滿的我，並沒有信心向大家公開我脆弱的一面，我覺得很害怕。我擔心自己脆弱的一面，看起來像在討拍，我也擔心經驗不長的我會傳達出錯誤的獨處價值。

然而當我和幾十萬名各式各樣的人交流後，我發現了驚人的事實。就是他們也正在經歷我曾走過的孤單、挫折、不安、辛苦的時間。看到他們即使失去自我，狀態疲憊，卻仍然掙扎地想再做得更好，想再更努力的樣子，我彷彿看到了幾年前的自己。

然後我突然有這種想法。當我覺得累的時候，當我無依無靠的時候，我的狀況如何？如果有人帶著難以啟齒的緣由，過著孤單的日子，當他來向我求救的時候，我會想告訴他什麼呢？當我這樣想，心底便湧上一個念頭，就是我一定要把我的方法分享給大家。這就是我滿懷熱血，寫下這本書最初架構的回憶。

我和大家都一樣，只是三十幾歲的普通人。我所感受過的孤單、挫折，相信大家也都至少經歷過一次類似的感覺。那時候大家是怎麼克服的呢？

我倒是吃了點苦頭。因為不管我怎麼在網路上搜尋，接受諮詢，聽了再多演講，還是找不到答案。因為他們都只說「愛自己」。（大家應該至少聽說過一次吧？）但是這種話幫不了我什麼忙，因為我不知道怎麼愛自己，也不知道該如何把自己擺在第一順位。

為什麼我們想在其他人面前表現出好的一面，卻總是貶低自己？我們那麼照顧其他人，為什麼卻不好好愛惜自己？為什麼我們總是拿忙碌當藉口，卻疏忽了自己？過去的我也不夠愛自己，總是不斷把自己逼到黑暗裡。

但幸好我藉著自己的專屬時間，幫助自己逃出黑暗。凌晨起床後，我就會開始自己的專屬時間，也學會了如何重視自己。我學會保護自己的方法，也學會了即使今天有多累，我也能恢復平衡。從現在起你也可以按照我在這本書中說的方法，給自己一段專屬的時間。當你熟悉那段時間，就可以想想看屬於你自己的獨處方法。

請不要隨便對待自己。在展開漫長的一天前，或是結束一天的時候，請回到自己身邊。有時候即使別人不喜歡你，你就默默專心地走自己的路。這樣的舉動雖然渺小，但日後就會慢慢出現驚人的變化。

最後感謝主允許我以這本書和世界交流。因為寫書不容易，所以我需要勇氣，感謝祢又給了我一次機會，讓我得以發揮我的用處。我也非常感謝相信我，為我打氣的家人朋友，感謝你們在我每次寫稿時，都能理解和等待進入閉關時期的我。在這裡我也要向喜歡我的書的讀者，以及YouTube的訂閱者，表示我的感謝。最後真的很感謝付出心血讓第二本書成功出版的TORNADO出版社工作夥伴。

一開始我並沒有認真看待這所有的機會，只抱著因為覺得有趣而想試試看的想法，可是現在我決定真心使用這個機會。我不認為我獲得的機會理所當然，只要我的故事能夠帶給某個人希望，我就會盡力傳達給更多人知道。因為或許我來時路的訓練，就是為了這一刻而存在。

金有眞

K原創 022

獨處，遇見更好的自己

好好安排你的專屬時間，重新設定人生的力量

作　　者｜金有真
譯　　者｜曾晏詩
出 版 者｜大田出版有限公司
台北市一〇四四五 中山北路二段二十六巷二號二樓
E-mail｜titan@morningstar.com.tw http://www.titan3.com.tw
編輯部專線｜（02）2562-1383 傳真：（02）2581-8761

總 編 輯｜莊培園
副總編輯｜蔡鳳儀
行政編輯｜鄭鈺澐
編輯助理｜郭家妤
行銷編輯｜張筠和
校　　對｜黃薇霓／曾晏詩

初　　刷｜二〇二三年六月一日　定價：三九〇元
二　　刷｜二〇二三年八月二日

網路書店｜http://www.morningstar.com.tw（晨星網路書店）
TEL：（04）23595819 FAX：（04）23595493
購書Email｜service@morningstar.com.tw
郵政劃撥｜15060393（知己圖書股份有限公司）
印　　刷｜上好印刷股份有限公司
國際書碼｜978-986-179-799-1 CIP：177.2/112002113

國家圖書館出版品預行編目資料

獨處，遇見更好的自己／金有真著；曾晏詩譯.
——初版——台北市：大田，2023.06
面；公分 .——（K原創；022）

ISBN 978-986-179-799-1（平裝）

177.2　　112002113